Aglaia Karatza-Meents

Migrationsbewegungen, Migrationsschicksale

Schon in der Tragödie *Die Schutzflehenden* von Aischylos geht es um Gewalt, Migration und um transgenerationale Weitergabe von Traumata. Griechenland, Träger dieses antiken Erbes, ist ein territorial kleines Land im Süden Europas, hin- und hergerissen zwischen Orient und Okzident – eine Zerreißprobe.

400 Jahre osmanische Fremdherrschaft, später zu viele Fremdeinflüsse der europäischen Großmächte, die Vertreibung von 1923, die zwei Weltkriege, der Bürgerkrieg sowie die innerpolitischen Zerwürfnisse führten das Land in den wirtschaftlichen Ruin und zu einer Dauerkrise, die bis heute anhält.

Im Rahmen dieser politischen Gewaltverhältnissen ereignete sich die Migration, insbesondere die Arbeitsmigration der 1960er- und 1970er-Jahre nach Deutschland. Diese diente den wirtschaftlichen Interessen beider Länder, die individuellen Interessen der Arbeitsmigrant*innen blieben dabei jedoch unberücksichtigt. Die menschenverachtenden Verhältnisse, in denen sie lebten, wirkten retraumatisierend. Diese Traumata wurden wortlos an die nächste Generation weitergegeben. Die Kinder hatten neben diesen Traumata zusätzlich die extremen eigenen Verlusterfahrungen und die Zerreißprobe zwischen den zwei Welten zu bewältigen.

In den Fallberichten und in den künstlerischen Werken dieser Kinder in zweiter Generation, inzwischen Erwachsene geworden, werden deren erschütternde Erfahrungen zum Ausdruck gebracht. Darin sieht die Autorin eine emanzipatorische Entwicklung der Kinder, weg von den proletarischen und hierarchisierten Beziehungen der Eltern.

Aglaia Karatza-Meents, geb. 1946 in Griechenland, Dr. med., Studium der Medizin in Deutschland, Ärztin für Psychiatrie und Psychotherapeutische Medizin, Psychoanalytikerin, affiliiertes Mitglied in der DPV. Forschungsschwerpunkte: Migration, Trauma und die psychischen Folgen für die nächsten Generationen. Veröffentlichungen in der *Psyche* und dem *Jahrbuch der Kinder- und Jugendlichen-Psychoanalyse*.

Aglaia Karatza-Meents

Migrationsbewegungen, Migrationsschicksale

Ethnopsychoanalytische Studie griechisch-deutscher Wanderungen

Brandes & Apsel

Auf Wunsch informieren wir Sie regelmäßig mit unseren Katalogen »Frische Bücher« und »Psychoanalyse-Katalog«. Wir verwenden Ihre Daten ausschließlich für die Zusendung unserer beiden Kataloge laut der EU-Datenschutzrichtlinie und dem BDS-Gesetz. Bitte senden Sie uns dafür eine E-Mail an info@brandes-apsel.de mit Ihrer Postadresse. Außerdem finden Sie unser Gesamtverzeichnis mit aktuellen Informationen im Internet unter: www.brandes-apsel.de sowie www.kjp-zeitschrift.de

1. Auflage 2024

Lektorat und Korrektorat: Kristina Wiechmann, Frankfurt a. M.
Umschlag und DTP: Brandes & Apsel Verlag, unter Verwendung eines Bildes von Helena Katsiavara *Nachtwind* (2020), mit freundlicher Genehmigung.
Druck: Stückle Druck, Ettenheim, Printed in Germany
Gedruckt auf einem nach den Richtlinien des Forest Stewardship Council (FSC) zertifizierten, säurefreien, alterungsbeständigen und chlorfrei gebleichten Papier.

Bibliografische Information der Deutschen Nationalbibliothek:
Die Deutsche Nationalbibliothek verzeichnet diese Publikation in der-Deutschen Nationalbibliografie; detaillierte bibliografische Daten sind im Internet über www.ddb.de abrufbar.

ISBN 978-3-95558-373-6

Gewaltverhältnisse und Migration: Migrationsschicksale

> Wenn aber eine Kultur es nicht darüber hinaus gebracht hat, daß die Befriedigung einer Anzahl von Teilnehmern die Unterdrückung einer anderen, vielleicht der Mehrzahl, zur Voraussetzung hat, und dies ist bei allen gegenwärtigen Kulturen der Fall, so ist es begreiflich, daß diese Unterdrückten eine intensive Feindseligkeit gegen die Kultur entwickeln, die sie durch ihre Arbeit ermöglichen, an deren Gütern sie aber einen zu geringen Anteil haben. Eine Verinnerlichung der Kulturverbote darf man bei den Unterdrückten nicht erwarten, dieselben sind vielmehr nicht bereit, diese Verbote anzuerkennen, bestrebt, die Kultur selbst zu zerstören. […] Es braucht nicht gesagt zu werden, daß eine Kultur, welche so eine große Zahl von Teilnehmern unbefriedigt läßt und zur Auflehnung treibt, weder Aussicht hat, sich dauernd zu erhalten, noch es verdient. (»Die Zukunft einer Illusion.«, Freud, 1974 [1927], S. 146)

Migration existiert, seit es Menschen gibt, und ist mit vielen Brüchen und vielen schmerzlichen Verlusten verbunden.

Welche sind die Beweggründe, die einen Menschen dazu bringen, seine Heimat zu verlassen? Ist es Leidenschaft? Oder sind es gewaltige soziale, politische oder sonstige Umweltfaktoren, die ihn dazu zwingen? Oder vielleicht beides?

In allen großen Mythen, z. B. im Mythos vom Garten Eden oder im Mythos vom Turmbau zu Babel, sind sowohl das Element der

Migration bzw. der Vertreibung mit dem dazugehörenden Verlustschmerz als auch das Element der Erkenntnis enthalten. In der griechischen Mythologie bezeugen dies die Schicksale des ausgesetzten Königssohnes Ödipus sowie die des Odysseus, des Jason, der Medea und vieler anderer Gestalten der Antike und erinnern daran, dass Migration, Flucht und Trauma so alt sind wie die Menschheit selbst. Diese mythologischen Figuren schlagen sich symbolhaft in unbewussten Phantasien bei den Menschen nieder.

Zu meiner Migration

Ich kam in den 1960er-Jahren im Alter von 17 Jahren nach Deutschland, um zu studieren. Die 17 Jahre in Griechenland habe ich in einem Stadtteil gewohnt, in dem viele Vertriebene aus Kleinasien lebten. Diese Stadtteile wurden vom griechischen Staat nach der Vertreibung im Jahre 1922 in vielen Städten eingerichtet, um dort die griechischen Flüchtlinge unterzubringen. Meine Eltern waren keine Vertriebenen. Meine Mutter kam aus einer gutbürgerlichen Familie in Mittelgriechenland, mein Vater stammte aus einer Gebirgsregion im Nordwesten Griechenlands. Sein Vater, mein Großvater, war Bauer und lange Jahre Gastarbeiter in Rumänien, was in der damaligen Zeit – Ende des 19., Anfang des 20. Jahrhunderts – in dieser Gegend sehr üblich war, da die landwirtschaftlichen Erträge – gerade in den hohen Bergen Griechenlands – für den Lebensunterhalt einer Familie nicht ausreichten. Als mein Großvater in den 1930er-Jahren nach Griechenland zurückkehrte, konnten meine Großeltern mit ihren Ersparnissen ein kleines Haus im Vertriebenenviertel einer Hafenstadt in Mittelgriechenland kaufen und sich dort niederlassen. Dort wurde ich später geboren und habe die ersten 17 Jahre meines Lebens verbracht.

In den 1950er- und 1960er-Jahren habe ich sowohl die Armut als auch die politischen und sozialen Wirren in Griechenland während der damaligen Zeit miterlebt, unter denen insbesondere die sozial schwachen Bevölkerungsschichten sehr zu leiden hatten. Ich habe auch die »schmerzliche Sehnsucht« der griechischen Flüchtlinge nach der verlorenen Heimat mitbekommen. Im Nachhinein würde ich sagen, dass diese für mich in irgendeiner Form immer gegenwärtig und vielleicht auch prägend war, denn es wurde viel über die »Heimat« geredet. Untereinander sprachen die Vertriebenen in der Regel Türkisch. Es war eine Wehmut und eine Anklage, die sich sowohl auf die verlorene Heimat bezog als auch auf die Not und die Mühsal, mit sehr geringen finanziellen Mitteln das Leben bewältigen zu müssen. Zu dieser Not und Wehmut hatte ich immer eine Affinität, wie auch zu den zahlreichen Liedern, die diese Wehmut ausdrückten.

Das folgende griechische Volkslied (eigene Übersetzung) beschreibt die bittere Armut, die damit zusammenhängende Verzweiflung, aber auch die Hoffnung: »Auch für uns wird einmal der Sonntag kommen.«

Weine nicht

Weine nicht und verzweifle nicht.
Wir, die immer arm leben.
Der Regen macht uns nichts aus. Wir, die einsam sind.
Die Häuser sind niedrig, wie verlassene Kasernen.
Unsere Sommer sind kurz und die Winter sind endlos.
Weine nicht und fürchte nicht die Dunkelheit.
Die Herzlosigkeit der Welt macht uns keine Angst.
Auch für uns wird einmal der Sonntag kommen.

Der »Sonntag« war das hoffnungsvolle Symbol für bessere Zeiten.

Die räumliche und emotionale Enge durch die wirtschaftliche Not und die beengten Wohnverhältnisse drückte sich auch im folgenden Satz aus, der mir heute noch sehr präsent ist: »Du hast mir die zwei Füße in einen Schuh gesteckt.« Metaphorisch gesehen haben damals jedoch immer beide Füße in einem Schuh gesteckt.

Auf irgendeine Weise war ich immer identifiziert mit dieser Enge – wie überhaupt mit dieser Bevölkerungsgruppe.

In den Anfängen der 1960er-Jahre erlebte ich den Exodus der vielen jungen Griechinnen und Griechen, die, so wie ich auch, nach Deutschland emigrierten. Viele taten das, um zu arbeiten – ich emigrierte, um zu studieren. Bei all der Unterschiedlichkeit hatten wir damals die Erwartung bzw. die Hoffnung (oder vielleicht eine vermessene Illusion?) gemein, dass in dem neuen Land auch für uns ein »Sonntag« kommen würde.

Ich vermute, dass die Menschen, die damals als Arbeiter emigrierten, größtenteils Kinder von Vertriebenen waren; statistische Zahlen hierzu existieren leider nicht.

Die Vertreibung von 1923 und die griechischen Flüchtlinge

Nach der Zerschlagung des Osmanischen Reichs und im Rahmen der territorialen Neuordnung nach dem Ersten Weltkrieg verloren im Jahr 1922 Hunderttausende Griechen aus Kleinasien ihre Heimat, nachdem die griechische Armee mit der Eroberung des westlichen Kleinasiens gescheitert war. 1923 unterzeichneten beide Länder den Lausanner Friedensvertrag, der die Grenzen der modernen Türkei festlegte. Dabei kam es im Rahmen der ethnischen Säuberung zu einem brutalen Bevölkerungsaustausch mit der Folge, dass 1.500.000 Griechen von der westlichen Mittelmeerküste der Türkei und aus der Region Pontos (südöstliche Küste des Schwarzen Meeres) nach Griechenland zwangsumgesiedelt wurden. Im gleichen Zuge wurden 500.000 Türken aus dem Norden Griechenlands in die Türkei vertrieben. Die Integration dieser Flüchtlingsmassen in der damals noch desolaten wirtschaftlichen Lage war eine der größten Herausforderungen, mit der der griechische Staat konfrontiert war. Dem Historiker Andreas Kossert (2022, S. 85) zufolge ist diese Vertreibung – in Griechenland als die »Kleinasiatische Katastrophe« bekannt – die größte Zäsur der modernen Geschichte Griechenlands.

Die in Scharen zugezogenen Flüchtlinge waren nicht willkommen und in keinster Weise integriert, was sowohl wirtschaftlich-soziale als auch kulturelle Gründe hatte. In Griechenland lebten viele von ihnen in Elendsquartieren, die sich sehr schnell zu sozialen Brennpunkten entwickelten. Von der einheimischen Bevölkerung wurden die Vertriebenen nicht mit offenen Armen empfangen, sondern mit diskriminierenden Worten beschimpft und angefeindet (vgl. Zelepos, 2023 [2014], S. 121ff.). Andreas Kossert (2022, S. 220ff.) beschreibt zwei Merkmale der sowohl damaligen als auch heutigen Schicksale aller Flüchtlinge: Zum Ersten, dass sie immer als Masse in Erscheinung treten, wobei das Individuum und das Individuelle abhandenkommt bzw. unsichtbar wird. Zum Zweiten, dass sie die Erfahrung machen, dass sie nicht nur dort unerwünscht sind, wo sie vertrieben wurden, sondern auch dort, wo sie Rettung suchen und aufgenommen werden wollen: »Aus dem Osten kommt immer nur Gesocks« war die verbreitete Auffassung zu dem »Flüchtlingspack« nach dem Ende des Zweiten Weltkriegs in Deutschland. 1922 wurden die Griechen aus Kleinasien und aus Pontos als »türkische Bastarde« und »türkisches Sperma« beschimpft. Die Pontos-Griechen wurden lange herabgesetzt und als Bürger zweiter Klasse behandelt (vgl. Kossert, 2022, S. 229).

Das griechisch-deutsche Verhältnis – eine zwiespältige Beziehung?

Welche waren die sozialen Umstände, die den Nährboden für Migration bildeten? Und in welchem griechisch-deutschen Verhältnis war die Migration der 1960er-/1970er-Jahre eingebettet? Wie sahen die Beziehungen zwischen den beiden Ländern seit der Gründung des modernen griechischen Staates im Jahre 1829 und bis heute aus?

Die Bundesrepublik Deutschland ist ein reiches Industrieland inmitten von Europa mit heute fast 84.500.000 Einwohnern, Griechenland hingegen ein kleines, armes Land im Südosten Europas mit gut 10 Millionen Einwohnern, das mal mehr, mal weniger am wirtschaftlichen Tropf der Großmächte hing und noch immer hängt.

Eine treffende Beschreibung Griechenlands findet sich in der Zeitung *Le Monde diplomatique* (Oktober 2023, S. 21):

> »[…] war Hellas stets ein Land der Grenzen: Zwischen zwei Küsten, zwei Geschichten und zwei Kontinenten balancierte es stets zwischen Ost und West. Einerseits hält es die westlichen Werte hoch, um sich vom Nachbarn Türkei abzugrenzen, andererseits verwies es auf sein östliches Erbe, als ihm der Glaube an die europäische Integration abhanden kam. Eine ständige existenzielle und geopolitische Zerreißprobe.«

Es folgt ein kurzer historischer Rückblick, der das, wie ich hoffe, veranschaulichen könnte.

Schon während der osmanischen Herrschaft wanderten viele griechische Intellektuelle in den Westen aus. Auch bildete sich mit zunehmendem Aufschwung des Handels eine Schicht wohlhabender Kaufleute aus nicht-muslimischen Gruppen (Juden, Griechen, Armenier). Im Zeitalter der Aufklärung und Industrialisierung ermöglichten diese Eliten den Kultur- und Ideentransfer vom Westen in den Südosten Europas. Auch diente die griechische Sprache als Vehikel für die Rezeption moderner Naturwissenschaften, philosophischer und auch politischer Ideen aus Deutschland und Westeuropa in den osmanischen Südosten Europas (vgl. Zelepos, 2023 [2014], S. 24–28).

Im 18. Jahrhundert waren München, Leipzig, Halle und Wien Anziehungspunkte für das griechische Bildungsbürgertum und wurden zu Bildungs- und Publikationszentren. Angelehnt an die Französische Revolution war diese Entwicklung wesentlicher Wegbereiter des Unabhängigkeitskriegs der Griechen gegen das Osmanische Reich im Jahr 1821.

Meiner Meinung nach bestätigt dies die These, dass Migration einerseits schmerzreich ist, andererseits aber sehr entwicklungsfördernd, denn es waren viele der Auslandsgriechen, die – mithilfe des in der damaligen Zeit blühenden Philhellenismus – in Europa und in Deutschland dafür sorgten, dass Griechenland näher in den Wahrnehmungshorizont der europäischen Öffentlichkeit rückte.

Der griechische Staat existiert seit 1829 als souveräner Staat. Ioannis Zelepos zufolge erfolgte die Staatsgründung durch eine Reihe internationaler Verträge zwischen England, Frankreich und Russland. Die griechischen Unabhängigkeitsverträge folgten machtpolitischen und auch ideologischen Interessen. Die Großmächte in Europa wollten ihre Einflusssphäre in dieser Region von Südosteuropa vor dem Hintergrund des Niedergangs des Osmanischen Reichs sichern. Der ideologische Aspekt bestand darin, dass man aus dem neugegründeten Staat Griechenland – den Philhellenen folgend – ein »Musterkönigreich« machen wollte. Es sollte ein Leuchtturm europäischer Kultur im Orient werden. Diese idealisierten Gedanken prägten die Vorstellungswelt romantischer Philhellenen in Westeuropa, aber auch die nationale Selbstwahrnehmung griechischer Bildungseliten (vgl. Zelepos, 2023 [2014], S. 54ff.).

Nach der Staatsgründung war der erste von der griechischen Nationalversammlung für sieben Jahre demokratisch gewählte Regierungschef Ioannis Kapodistrias, Sohn einer adligen Familie aus Korfu, der in Italien studiert hatte. Er schlug erfolgreich eine diplomatische Laufbahn in Europa ein und war zuletzt Außenminister des russischen Zaren.

Dieses Wahlergebnis betrachteten jedoch England und Frankreich als Niederlage und befürchteten einen stärkeren Einfluss Russlands in der Region. Hinzu kam, dass die ernsthaften Pläne von Kapodistrias, eine Landreform und eine gerechtere Landesverteilung durchzuführen, absolut keine Zustimmung bei den Großgrundbesitzern fanden. Im September 1831 wurde Kapodistrias von Mitgliedern eines Familienclans ermordet:

> »Die Attentäter konnten bei ihrem Vorgehen auf die wohlwollende Unterstützung der britischen und französischen Konsulatsvertreter zählen, die möglicherweise sogar Drahtzieher dieses Anschlags waren.« (Zelepos, 2023 [2014], S. 51)

Die europäischen Mächte planten zwar einen modernen griechischen Staat in dieser Region, aber im Zeitalter der europäischen Restauration und des Wiener Kongresses wollten sie keine autonome griechische Republik installieren. Man bestand schließlich darauf, dass Griechenland einen König aus einer europäischen Monarchie bekam und einigte sich auf Otto, Sohn des bayerischen Wittelsbachers und glühenden Philhellenen König Ludwig I. Der minderjährige Otto war der erste König von Griechenland und regierte immerhin von 1832 bis 1862. Er stand unter der Aufsicht einer bayerischen Regentschaft, die Wirtschaftskonzepte anwandte, die in Bayern erfolgreich waren, aber im neuen griechischen Staat nicht funktionierten, denn sie prallten auf Clanstrukturen und Interessen von Großgrundbesitzern, die damals die griechische Gesellschaftsstruktur prägten. Diese Clans, die im Unabhängigkeitskrieg entschieden mitgewirkt und eine bedeutende Rolle für die Unabhängigkeit Griechenlands gespielt hatten, wurden nicht bzw. viel zu wenig in die neue Ordnung einbezogen und integriert. Bereits im Jahr 1833 beklagte der Philhellene Friedrich Thiersch, der das Land viel bereist hatte und gut kannte, dass die Regentschaft die Posten in der Verwaltung nicht an die fähigsten Griechen, sondern nach persönlichen Seilschaften an Ausländer und ungeeignete Personen vergäbe: »[…] aber Hoffnung gäbe es nur dann, wenn die Regentschaft endlich aufhöre, die Griechen als *›Kinder und Barbaren‹* zu betrachten und sie ihrer politischen Rechte zu berauben« (Schönhärl, 2012, S. 19).

Erinnert diese Haltung nicht an Verhältnisse in der Kolonialherrschaft und koloniale Bevormundung?

1862 wurden König Otto und die sogenannte »Bavarokratie« von den Griechen abgesetzt. Griechenland hatte inzwischen seit 1844 eine Verfassung und war bereits eine konstitutionelle Monarchie. Nach Otto wurde Georg I. aus dem dänisch-deutschen Haus Schleswig-Holstein-Sonderburg-Glücksburg König von Griechenland.

Ich bin der Meinung, dass die Könige in Griechenland eine fragwürdige Rolle gespielt haben, da sie sich oft aktiv und invasiv in die Regierungsangelegenheiten eingemischt und für eine Spaltung innerhalb der Bevölkerung gesorgt haben, was häufig verheerende Folgen hatte. Meines Erachtens wurden die Könige in Griechenland von den Großmächten als Organ installiert, welches die Funktion hatte, das Durchsetzen westlicher Interessen in dieser Region zu garantieren.

Der neue Staat war territorial klein und wirtschaftlich kaum existenzfähig. Der Historiker Ioannis Zelepos (2023, S. 51) schreibt,

»daß Griechenland das seltene Beispiel für einen Staat liefert, der schon vor seiner Unabhängigkeit in den Finanzbankrott geriet.« Auch nach seiner Konstituierung war die Verschuldung hoch und die Abhängigkeit vom Auslandskapital sehr groß. Griechenland wurde demzufolge immer wieder mit gewaltigen politischen und wirtschaftlichen Konflikten konfrontiert und von großen sozialen Widersprüchen erschüttert. Am Ende des Ersten Weltkriegs war das Land hoffnungslos überschuldet, die Inflation hatte astronomische Höhen erreicht. Zelepos (2023, S. 81) analysiert wie folgt: »Die Rolle des griechischen Diasporakapitals im letzten Viertel des 19. Jahrhunderts liefert somit ein Paradebeispiel für das enge Wechselverhältnis von äußerer Abhängigkeit und innerer Strukturschwäche.« Mit »innere Strukturschwäche« sind meiner Meinung nach die Korruption und die internen ökonomischen Widersprüche Griechenlands gemeint. Das beinhaltet die ungerechte Verteilung des Gesamtvermögens und dessen Konzentration in den Händen einiger Weniger und die Verarmung vieler Anderer.

Angesichts dieser wirtschaftlichen Situation ist nachzuvollziehen, dass Griechenland schon immer ein Auswanderungsland war. Die erste große Welle griechischer Arbeitsmigration erfolgte im 19. Jahrhundert; damals wanderte etwa ein Sechstel der Gesamtbevölkerung in die USA, nach Australien und nach Kanada aus (vgl. Zelepos, 2023 [2014], S. 80). In den 1950er-Jahren des 20. Jahrhunderts kam es zu einer neuen Auswanderungswelle, weil das Land nach den zwei Weltkriegen, nach der Vertreibung aus Kleinasien von 1923 und nach dem Bürgerkrieg wirtschaftlich völlig ruiniert war.

Im Zweiten Weltkrieg manifestierte sich in einer sehr extremen Form das Verhältnis von Gewalt, Macht und Unterwerfung, von Tätern und Opfern. Griechenland und die griechische Armee, die natürlich wegen Mangels an schweren Waffen und geeigneter Luftunterstützung ein für das deutsche Oberkommando nicht ernstzunehmender Gegner war, konnten überraschenderweise durch ihren erbitterten Widerstand die deutschen Truppen noch aufhalten, mussten aber dann nach einigen Tagen dennoch kapitulieren. In den folgenden Jahren führten griechische Widerstandsgruppen gegen das rücksichtslose Besatzungsregime einen ebenfalls erbitterten und sehr verlustreichen Partisanenkrieg. Dieser wurde von kommunistischen Partisanengruppen angeführt. Es gab jedoch auch nationalistische Gruppen aus dem rechten Lager, von denen manche keinen Widerstand leisteten, sondern mit den deutschen Besatzern und den Nationalsozialisten kooperierten und kollaborierten.

Die Gewalt und die Not, mit der die griechische Bevölkerung während der Besatzungszeit konfrontiert war, führte zu einer stärkeren Polarisierung innerhalb der griechischen Gesellschaft, insbesondere zwischen dem linken kommunistischen und dem rechten nationalistischen und königsnahen Lager. Dies führte nach dem Zweiten Weltkrieg zu dem dreijährigen Bürgerkrieg, der von 1946 bis 1949 andauerte. Dieser wurde von der Bevölkerung als viel brutaler und schlimmer als der Zweite Weltkrieg erlebt, weil der Feind aus den eigenen Reihen kam. Mikis Theodorakis hat ein in Griechenland sehr bekanntes Lied über zwei verfeindete Brüder komponiert, die sich während des Bürgerkriegs gegenseitig umbringen.

Rückblickend stelle ich fest, dass die Massaker der Nationalsozialisten an der griechischen Bevölkerung und das wirtschaftliche Ruinieren des Landes nach dem Krieg von vielen in der griechischen Bevölkerung schnell vergessen und verharmlost wurden. Mit diesem Phänomen der Verdrängung und Verleugnung auch in der deutschen Nachkriegsbevölkerung haben sich viele Autoren, insbesondere Alexander und Margarete Mitscherlich und Heinrich Böll, eingehend auseinandergesetzt.

Das griechisch-deutsche Verhältnis nach dem Zweiten Weltkrieg

Das Anwerbeabkommen

Das deutsch-griechische Verhältnis war nach dem Zweiten Weltkrieg und nach dem Londoner Schuldenabkommen auf einem Tiefpunkt. Die Frage nach Reparationszahlungen war und ist für Griechenland immer noch nicht gelöst:

> »So lagen die Verluste an Menschenleben allein während der Besatzungsjahre 1941–1945 mit deutlich mehr als einer halben Million, prozentual auf die Gesamtbevölkerung bezogen, höher als in den meisten anderen betroffenen Ländern.« (Zelepos, 2023 [2014], S. 178)

Auch Karl Heinz Roth und Hartmut Rübner (2017, S. 52) bestätigen das in ihrem Buch *Die Reparationsschuld*:

> »Für unsere Reparationsperspektive bleibt festzuhalten, dass die von den Okkupanten verantwortete soziale Massenverelendung mit dem Ruin der griechischen Nationalökonomie einherging und sie in den Status eines Entwicklungslandes zurückwarf.«

1956, als Bundespräsident Theodor Heuss Athen und danach 1958 der griechische Premierminister Karamanlis Bonn besuchte, begann ein Durchbruch in den griechisch-deutschen Beziehungen. Gegenstand der Gespräche waren der wirtschaftliche Boom, die Überproduktion und der Arbeitskräftemangel in Deutschland. Auf griechischer Seite standen die ökonomisch miserable Situation in Griechenland, die Massenarbeitslosigkeit und das fehlende ausländische Kapital im Vordergrund. Deutschland war bedingungslos bereit, sich des griechischen Problems anzunehmen: »Der wichtigste Förderer in Europa für die Bewältigung der griechischen Probleme war Deutschland.« (Zelepos, 2007, S. 116f.)

Während dieser Gespräche wurde die Aufnahme griechischer Arbeiter in Deutschland erörtert; das war der Start für den deutsch-griechischen Vertrag bzw. das Anwerbeabkommen, das 1960 unterzeichnet und Anlass wurde für die Migrationswelle von einer halben Million Griechen nach Deutschland. Gleichzeitig wurden Verhandlungen über eine Aufnahme Griechenlands in die damals im Entstehen begriffene Europäische Wirtschaftsgemeinschaft (EWG) geführt.

Durch diese Arbeitsmigration der 1960er-Jahre sollten drei wichtige Problemlösungen für Griechenland erreicht werden:

1. Beseitigung der hohen Arbeitslosigkeit.
2. Zufluss von ausländischem Kapital und Devisen nach Griechenland.
3. Die griechischen Arbeitskräfte, die nach Deutschland und nach Westeuropa kamen bzw. exportiert wurden, waren gleichzeitig das diplomatische Kapital und der Beitrag Griechenlands für die Aufnahme in die EWG. Die Aufnahme in die EWG hätte die Öffnung des griechischen Marktes für europäische und deutsche Industrieprodukte zur Folge gehabt – damit verbunden aber auch die Deindustrialisierung Griechenlands.

Dieses Abkommen sah zunächst sehr verlockend aus. Deutschland öffnete aufgrund des Arbeitskräftemangels seine Tore. Nach Ioannis

Zelepos regelten die Verträge die Auswahl von geeigneten Bewerbern, die Ausstellung von Arbeitsgenehmigungen, die Übernahme der Reisekosten, die Unterbringung, die medizinische Versorgung und die arbeitsrechtliche Gleichstellung der Migranten. Diese Anstellungsverträge waren zunächst für die Dauer eines Jahres vorgesehen und wurden schon vor der Übersiedlung abgeschlossen:

> »Das Abkommen mit der Bundesrepublik war Teil einer von der griechischen Regierung damals systematisch verfolgten Annäherung an den noch jungen EWG-Raum, die mit dem Assoziierungsabkommen vom Juli 1961 einen strategischen Zwischenerfolg erzielte.« (Zelepos, 2017, S. 3)

Obwohl die Verhandlungen mit einem positiven Ergebnis endeten und als erfolgreich für alle Beteiligten zu bewerten waren, stellt sich trotzdem die Frage, ob es nicht gleichzeitig auch eine Art Verhandlungsbasar war, in dem Arbeitskräfte als Produkt exportiert wurden und als Gegenleistung der Anschluss an die EWG angeboten wurde. War es tatsächlich so verlockend, wie es anfangs aussah? Lässt das nicht doch an Instrumentalisierung der Menschen und an Verdinglichung denken? An hierarchische Herr-Knecht-Verhältnisse?

Später schrieb Max Frisch: »Es wurden Arbeitskräfte gesucht, es sind aber Menschen gekommen.«

Das folgende Rembetiko-Lied dokumentiert die Anklage griechischer Flüchtlinge, die sich als Sklaven verkauft fühlten. (Rembetiko ist eine Art griechischer Blues, den die vertriebenen Griechen aus Kleinasien sangen, die in Griechenland arm und diskriminiert lebten.)

Mutter Griechenland
Ich habe kein Zuhause, in das ich zurückkommen kann,
nicht einmal ein Bett, in dem ich schlafen kann.
Ich habe keinen Weg, keinen Nachbarn, um an einem ersten Mai spazieren zu gehen.
Die falschen Worte, die großen Lügen hast Du mir schon mit Deiner Muttermilch gegeben.
Aber jetzt, wo die Schlangen erwachen, ziehst Du Deinen antiken Schmuck an,
und Du vergießt nicht einmal eine Träne, Mutter Griechenland,
dass Du Deine Kinder als Sklaven verkaufst.
Deine falschen Worte, die großen,
hast Du mir mit Deiner ersten Milch gegeben.
Aber jetzt, wo das Feuer wieder entfacht,
Du guckst auf Deine antike Pracht
und in den Arenen der Welt, Mutter Griechenland, verbreitest Du immer dieselbe Lüge.

Eine griechische Patientin, in Deutschland geboren, berichtete, dass sie im Alter von vier Monaten von der Großmutter väterlicherseits mit nach Griechenland genommen wurde, da die Eltern in Deutschland schwer arbeiten mussten. Sie hat dann bei ihr auf dem Dorf gelebt, wo die Großmutter ein großes Haus mit Garten hatte. In den Ferien, wenn die Eltern kamen, haben sie ihr große Puppen und viele andere Geschenke mitgebracht. Es wurde immer von dem großen, reichen Land gesprochen: »Dort kann man alles haben.«

Im Alter von vier Jahren zeigte die Patientin ein auffälliges und beunruhigendes Verhalten. Sie versteckte sich unter dem Tisch und fraß dort Asbest, welchen sie von der Wand abblätterte. Dieses Verhalten und ihre Gewichtsabnahme veranlassten den Hausarzt der Großmutter nahezulegen, dass das Kind dringend seine Eltern brauche.

Zurück in Deutschland ging es ihr schlecht, da die Trennung von der Oma, von dem großen Haus und von Griechenland ihr sehr schwerfiel. Ihr Traum vom reichen Deutschland existierte nicht mehr. Stattdessen sah sie sich konfrontiert mit der düsteren Realität der kleinen, dunklen Wohnung der Eltern mit niedrigen Decken und ohne eigene Toilette. Sie fühlte sich erdrückt und sehr verlassen. Die Patientin litt an einer Bulimie.

In dem Rembetiko-Lied sangen die Griechen von der »Lüge Griechenlands«. Spricht die Patientin hier nicht auch von der »Verheißungslüge«?

Dennoch hatte die Arbeitsmigration nach Europa auch eine wichtige Funktion und eine emanzipatorische Veränderung zur Folge:

> »Die Frauen, die bisher immer Begleiterinnen einer familiären Auswanderung waren, traten jetzt zum ersten Mal in der Migrationsgeschichte Griechenlands als eigenständige Erwerbstätige auf. Damit änderte sich die traditionelle Struktur der Familie.« (Zelepos, 2017, S. 5)

Und so ist auch gut zu verstehen, dass diese erwerbstätigen Frauen, die ihre finanzielle Unabhängigkeit und Selbständigkeit genossen, keinesfalls wieder zurück in die alte Heimat mit ihren verkrusteten sozialen Strukturen wollten – vor allem dann nicht, wenn sie in Deutschland Kinder bekommen hatten. Sie wussten allerdings damals nicht, welche Schäden sie bei den Kindern anrichteten.

Zu dieser emanzipatorischen Entwicklung gehört auch die Tatsache, dass es in den 1960er-Jahren zu einem deutlichen Anstieg der Bildungsmigration kam, denn die an ausländischen Hochschulen Studierenden machten damals etwa die Hälfte der gesamten griechischen Studentenschaft aus – ein Verhältnis, das auch in den 1970er-Jahren bestehen blieb. Erst seit den 1980ern kam es infolge des massiven Ausbaus der einheimischen Universitätslandschaft durch die

PASOK-Administration von Andreas Papandreou zu einem leichten Rückgang der Zahl von Auslandsstudenten, die jedoch insgesamt am Ende des Jahrzehnts immer noch knapp 30.000 betrug (vgl. Zelepos, 2017, S. 3ff.).

Migration hat mit Emanzipation und mit Entwicklung zu tun, sie hat aber auch mit Gewaltverhältnissen zu tun. Denn sind soziale Verhältnisse, die die Menschen zur Emigration zwingen, nicht auch Gewaltverhältnisse? Werden sie nicht so von den Betroffenen erlebt?

Das Erbe des Bürgerkriegs und damit die ungerechte Verteilung des Gesamtvermögens, die Unterdrückung und Verfolgung der politischen Kräfte, die für mehr soziale Gerechtigkeit kämpften, setzten sich ungebrochen fort. Auch die Konflikte und die Spannungen zwischen Königshaus und Regierungen und der aktive Fremdeinfluss der Großmächte bestanden weiterhin. Als auch noch der Zypernkonflikt mit der Zypernkrise hinzukam, führten all diese Unwägbarkeiten zur massiven Destabilisierung der politischen Verhältnisse mit instabilen Mehrheiten im Parlament und kurzlebigen Regierungen und letztendlich auch zu der Zuspitzung der »Gewaltverhältnisse«, nämlich zur Militärdiktatur (1967–1974). Die Militärjunta ging äußerst repressiv und gewalttätig vor, verbot Versammlungen, politische Parteien, Gewerkschaften und kulturelle Organisationen. Sie leitete eine groß angelegte Säuberungswelle von Regimegegnern in allen öffentlichen Bereichen ein und wurde durch die Einrichtung von Foltergefängnissen und Verbannungsinseln berüchtigt. Diese Gewalteskalation führte zu einer Emigrationswelle besonderer Art: Zahlreiche regimekritische Künstler und Intellektuelle flohen ins vor allem westeuropäische Ausland und betrieben von dort massiv den Widerstand gegen das verhasste Obristen-Regime. Mikis Theodorakis wurde in Paris zur Symbolfigur dieses Kampfes.

Während der letzten Finanzkrise von 2008 mit den für Griechenland verheerenden Folgen durch die vorrangig von Deutschland betriebene Austeritätspolitik wurde in Griechenland die Erinnerung an die Verbrechen der deutschen Wehrmacht reaktiviert und damit auch die Forderung nach deutschen Reparationszahlungen. Dies wurde begleitet von gegenseitigen Beschimpfungen: In Deutschland titelte die *Bild*-Zeitung »Faule Griechen«, in Griechenland wurden die Deutschen und deutsche Politiker als »Nazi-Deutsche« beschimpft.

Durch die wirtschaftliche Krisensituation kam es erneut zu einer vermehrten Migration von überwiegend jungen und gut qualifizierten Menschen.

Push- und Pull-Faktoren

Hier würde ich gern die Push- und Pull-Faktoren erwähnen, die die Migration in den 1960er-Jahren mit auslösten. Nach dem Push-Pull-Modell werden Menschen aus einem Ursprungsgebiet »weggedrückt«, während sie von einem anderen Gebiet »angezogen« werden.

Push-Faktoren im Herkunftsland sind: Arbeitslosigkeit, Perspektivlosigkeit, geringes Einkommen, wirtschaftliche Not, Armut, Hunger, soziale Ungleichheit.

Pull-Faktoren im Gastland sind: Hochkonjunktur, Arbeitskräftemangel, gute Verdienstmöglichkeiten, viele Job-Angebote, soziale Sicherheit, funktionierende Gesundheitsversorgung, gutes Bildungssystem usw.

Diese Pull-Faktoren waren insofern wichtig, als sie für viele Menschen eine migratorische Bewegung mit all den Chancen und Entwicklungsmöglichkeiten überhaupt ermöglichten. Gleichzeitig wurde aber die Verheißung vorangetrieben. Die Idealisierung des Gastlandes und die Entwertung des Ursprungslandes wurden begünstigt und verstärkt. So waren die Armut und Perspektivlosigkeit in den Mittelmeerländern einerseits, das Wirtschaftswachstum und der Bedarf an Arbeitskräften in den Einwanderungsländern andererseits die Faktoren, die die Grundlage dafür boten, dass für viele Bauern und Arbeiter die Reise in das »gelobte Land« zum Lebenstraum wurde. Sie sahen darin all ihre Erwartungen und Hoffnungen auf Wohlstand und eine bessere Zukunft erfüllt. Damit wurde aber auch der Boden geschaffen für hierarchisierte soziale Strukturen und soziale Ausbeutung.

Folgendes griechische Lied aus den 1950er-Jahren beschreibt sehr krass die wirtschaftliche und emotionale Sackgasse, in der sich viele Menschen befanden, die später den Ausweg nach Nordeuropa fanden.

Der Schiffbruch
Ein böses Schicksal hat uns in eine Sackgasse geführt.
Keine Freude im Leben bleibt uns. Wir sind die Schiffbrüchigen.
Die Sonne hat uns nie süß angestrahlt.
Um uns herum schwarze Schlangen, die uns umschlingen.
Ein schwerer Schauer und wir haben Schiffbruch erlitten.
Wir sind die Lebenslumpen, wir sind der Lebensmüll.

Die Situation der Arbeitsmigranten hier in Deutschland beschreibt sehr treffend eine deutsche Zeitung anlässlich des »wilden Streiks« von türkischen Arbeitsmigranten vor 50 Jahren in den Kölner Ford-Werken:

»Wenn auch nur temporär und segmentiert, verwandelte sich in diesen sieben Tagen im August 1973 die individuelle Ohnmacht vor allem der türkischen Migranten im Produktionsprozess in die Erfahrung kollektiver Macht. Für das migrantische Selbstbewusstsein war das von großer Bedeutung. Mit diesem ›wilden Streik‹ demonstrierten die brutal ausgebeuteten sogenannten ›Gastarbeiter‹ exemplarisch, dass sie sich nicht mehr alles gefallen lassen.«

Zu meiner Herkunft

Als ich im Alter von 17 Jahren nach Deutschland kam, hatte ich in Griechenland gerade den griechischen Gymnasialabschluß absolviert. In den Jahren davor hat es viele Diskussionen und Auseinandersetzungen in meiner Familie gegeben in Bezug darauf, ob meine Schwester und ich studieren oder nicht. Einerseits sollten wir studieren, unabhängig sein, einen eigenen Beruf haben und nicht betteln müssen. Andererseits reichte das Geld für das Studium von zwei Kindern nicht. Meine kämpferische Mutter, Hausfrau, sagte: »Die werden studieren, auch wenn ich dafür Putzfrau werden muss!«

Ich war eine gute Schülerin, aber in manchen Fächern, wie z.B. im Fach Neugriechisch und im Schreiben von Aufsätzen, war ich schwach, nicht gut. Neugriechisch war ein Hauptfach und zählte bei allen Aufnahmeprüfungen an der Universität.

Diese mangelnde Fähigkeit zu schreiben passte zu der damaligen Situation, in der wir lebten, und zu meiner subjektiven Verfassung. In Griechenland lebte man damals in einer sehr nach außen gerichteten Welt. Die Meinung und das Wohlwollen der Nachbarn und der Freunde waren wichtig und prägten den Maßstab: »Was werden die Leute sagen?!«, war ein häufiger Spruch. Eine Innenwelt gab es nicht, denn wenn man sich zu sehr an der Innenwelt orientierte, drohte die Gefahr, das reale Leben zu verpassen, und das durfte auf keinen Fall passieren. Es gab in meiner Familie harte Vorgaben für das, was man tun sollte, aber es gab kaum Raum für Wünsche und für Träumereien, für spielerisches Treiben. Demzufolge war die Entfaltung von Kreativität meiner Meinung nach erschwert, vielleicht auch gar nicht möglich. Ich war ein introvertiertes Kind und immer wieder krank. Im Nachhinein würde ich meinen, dass ich als Kind nicht wusste, wie ich meine Innenwelt mit dieser für mein Erleben harten Außenwelt in Einklang bringen sollte, und mit diesem Problem war ich ganz allein. Sowohl meine Mutter als auch mein Vater waren unter schweren und harten Bedingungen groß geworden, waren in ihrer Kindheit einigen traumatischen Erfahrungen ausgesetzt und auch sie standen damit alleine. Das Sprachlose und das Abwesende wurden von der einen Generation in die nächste weitergegeben. In der Pubertät im Alter von 15 Jahren machte ich jedoch eine wichtige Entdeckung: Ich fand im Bücherregal meines Vaters drei Bücher von Sigmund Freud auf Griechisch: *Totem und Tabu*, *Jenseits des Lustprinzips* und *Abriss der Psychoanalyse*. Diese Bücher hatte mein Vater in seiner Studentenzeit gekauft und gelesen. Viele Zeilen waren von ihm rot unterstrichen worden. Ich habe die Bücher damals verschlungen und erlebte das als eine Rettung in meiner Verzweiflung und meinem damaligen Konflikt: »Darf ich so sein wie ich bin mit so vielen Problemen, ohne Angst zu haben, dass ich dann für verrückt erklärt werde?« Durch das Lesen des Buches wurde mir klar, dass der Mensch seelische Konflikte, Probleme und vor allen Dingen Aggressionen haben darf. So konnte ich mich als Pubertierende mit seelischen Problemen und mit viel Wut gewissermaßen in meiner griechischen Umgebung positionieren und legitimieren. Ich war und bin meinem Vater dafür immer noch dankbar.

Meine Chancen, einen Studienplatz an einer griechischen Universität zu bekommen, schätzte ich ziemlich gering ein und die Perspektivlosigkeit, die sich damit verband, machte mir großen Kummer. Damals existierten in Griechenland nur zwei Universitäten, die den Bedarf an universitärer Bildung nicht abdecken konnten. Aus diesem Grunde kam es häufig vor, dass Gymnasialabsolventen den Weg ins Ausland suchten. All diese Gründe und auch die Tatsache, dass im Bekanntenkreis meiner Eltern zwei Jugendliche nach ihrem Gymnasialabschluss in Griechenland nach Deutschland gegangen waren und zu der Zeit in Marburg Medizin studierten, führten letztendlich dazu, dass meine beiden Eltern einig die

Entscheidung trafen, dass meine Schwester und ich nach Deutschland gehen durften. Ein zusätzlicher Grund war auch, dass meine Schwester die Aufnahmeprüfung an der Universität in Athen nicht bestanden hatte.

Die Vorstellung, nach Deutschland zu gehen, gefiel mir sehr. Ich fühlte mich in Griechenland sehr beengt, wie in einem Korsett, irgendwie in Zwängen gefesselt, und die Tatsache, im Ausland zu studieren, war für mich wie eine Befreiung. In Griechenland war ich die verunsicherte, introvertierte, gesichtslose Adoleszentin. Meine Emigration hatte sicherlich unter anderem mit der Sehnsucht bzw. dem unstillbaren Wunsch zu tun, eine eigene Identität, ein eigenes Selbst zu entwickeln und sichtbar zu werden.

Ich bin während des Bürgerkriegs geboren. Meine Mutter stammte aus einer wohlhabenden Beamtenfamilie. Sie wurde jedoch sehr früh mit dem Tod konfrontiert; sie wurde nach dem Tod ihrer gleichnamigen Schwester geboren. Als meine Mutter vier Jahre alt war, starb deren Mutter – meine Großmutter Aglaia – mit 35 Jahren an hohem Fieber. Näheres zu all diesen Toten ist nicht bekannt, denn man sprach nicht darüber. Danach wuchs sie mit einer Stiefmutter auf, die ihr verweigerte, das Gymnasium zu beenden, denn sie sollte Schneiderin werden. Die Wut darüber und vor allen Dingen die enttäuschte Sehnsucht hat meine Mutter dann in Form eines Auftrages auf meine Schwester und mich verschoben und wir sollten unbedingt studieren, denn aus uns sollte etwas werden. Dies entsprach auch meinen eigenen Wünschen, deswegen habe ich es nie als einen lästigen, fremdbestimmten Auftrag erlebt.

Zu Beginn ihrer Schwangerschaft mit mir hatte meine Mutter gerade eine schwere Typhus-Erkrankung überstanden, was sie möglicherweise als Retraumatisierung erlebte, da sie an den nicht verarbeiteten Tod der eigenen Mutter erinnert wurde. Diese traumatisierende Erfahrung wiederholte sich, als ich im Alter von drei Monaten an einer schweren Colitis erkrankte und sie Angst hatte, ihr Kind zu verlieren.

Mein Vater war damals in die Bürgerkriegswirren involviert und nicht da. In diesen Zeiten wusste man nicht, ob die Männer und Väter überhaupt zurückkommen würden.

In solchen schweren Zeiten, in denen es zunächst nur ums Überleben geht, hat natürlich die Entfaltung von Individuation und die Entwicklung eines eigenen Selbst wenig Raum und ist demzufolge nicht bzw. nur schwer möglich. Protestieren und Individuieren existierten in meinem Elternhaus nicht, denn sowohl meine Mutter als auch mein Vater kamen aus Familien, in denen Protest und Individuation auch nicht existierten. Außerdem wollten meine Eltern aus ihren Kindern »gute Menschen« machen und da hatte Protest ihrer Meinung nach keinen Platz. Erst hier in Deutschland und nach dem Studium habe ich das Protestieren kennengelernt und zugelassen. Ich habe an vielen Protestaktionen und Demonstrationen teilgenommen. Vor allem war ich in der Frauenemanzipationsbewegung engagiert. Trotzdem hatte ich immer wieder das Gefühl, anders zu sein bzw. nicht ganz dazuzugehören. Dieses »Nicht-Dazugehören« hat möglicherweise mit der Situation zu tun, die Julia Kristeva (1990, S. 50) als die Krönung der menschlichen Autonomie bezeichnet. Nämlich eine Situation, die den Fremden charakterisiert, der »ob durch Zwang oder durch eigene Wahl ausdrücklich sichtbar und ostentativ den Ort der Differenz besetzt. Eine trotzige Herausforderung: Ich bin nicht wie Ihr.« Diese Vorgänge waren mir damals natürlich nicht bewusst.

Studieren in Deutschland

Mit diesem intrapsychischen Paket kam ich nach Deutschland. Ich malte mir das Leben dort sehr schön aus. Diese Illusion sollte ich schon bald aufgeben, als ich mit der Realität konfrontiert wurde. Meine Ankunft und die erste Zeit in Deutschland waren charakterisiert durch einen schmerzlosen Zustand des Eingemauert-Seins, ein Eingefroren-Sein. Die Gefühlswelt und das Lebendige waren mir abhandengekommen. War es Ohnmacht? Ich war eingeschüchtert vor so viel Fremdem. Alles war fremd. Auch die Schönheit der alten, großen, traditionsreichen Gebäude – Zeugen von Reichtum und Kultur – schüchterten mich ein. Meine Ankunft und der erste Schock wurden dadurch gemildert, dass ich mich freute, hier meine etwas ältere Schwester wiederzutreffen. Diese war ein halbes Jahr zuvor nach Deutschland gekommen, um zu studieren. Als zweite Tochter war ich natürlich sehr interessiert und neugierig auf all das, was meine ältere Schwester in Deutschland erlebte. Sowohl von meinen Eltern als auch von mir war schon geplant, dass ich einen Monat nach Ankunft in Deutschland ans Goethe-Institut kam, wo ich vier Monate lang die deutsche Sprache erlernte. Nach anfänglichen Schwierigkeiten fühlte ich mich dort wie in einer Oase, denn das gemeinsame Erlernen der Sprache mit Kommilitonen aus der ganzen Welt fiel mir leicht und machte viel Spaß. Ich genoss zunächst einmal die Tatsache, dass ich eigenständig Entscheidungen treffen und mich frei bewegen konnte. Ich erlebte es so, als hätte ich hier in Deutschland erst »das Laufen gelernt«. Ich bestand ein halbes Jahr später die Aufnahmeprüfung an der deutschen Universität und konnte somit im darauffolgenden Wintersemester mit dem Medizinstudium beginnen. Meine Schwester hatte bereits ein halbes Jahr vorher nach bestandener Aufnahmeprüfung im Sommersemester damit begonnen. Das Lernen in deutscher Sprache fiel mir nicht leicht, aber es war eine unvermeidliche Notwendigkeit. Meine Neugierde half mir zunächst, das Gefühl des Fremden und der Fremdheit beiseitezulegen. Das war die gute Seite. Die nicht gute Seite war die Tatsache, dass mich immer wieder ohne einen mir damals erklärlichen Grund und ohne Voranmeldung eine depressive Welle befiel, die ich oft körperlich wahrnahm wie eine Steinplatte, die meinen Brustkorb erdrückte und beengte. Dabei spürte ich eine Leere und fühlte mich leblos und fremd. Hatte die depressive Stimmung vielleicht damit zu tun, dass ich anfangs die »deutsche Leitkultur«, das Neue, sehr schnell aufgenommen bzw. eingesaugt hatte, da mich das weiterbrachte; irgendetwas in mir aber revoltierte, da etwas in mir verloren ging, vielleicht weil es für immer verloren war.

Die erste Zeit in Deutschland war charakterisiert durch eine Art, offen zu sein für alles Neue und ein Sich-Anpassen. Und wo war ich selbst? Während des ganzen Studiums setzte sich dieses Sich-Angepassen, das meine Eltern mir so gut beigebracht hatten, fort. Die 1968er-Protestbewegung stand damals in ihrer Blütezeit, aber ich bekam alles nur am Rande mit. Ich saß in meinem Zimmer im Studentenwohnheim und lernte für das Physikum, denn ich wollte was werden und aus mir sollte auch was werden. Außerdem sah ich damals die Studentenbewegung als »deutsche Spinnerei« – ich war schließlich Griechin und hatte mit all dem nichts zu tun. Erst viel später konnte ich einige Parallelen erkennen zwischen dem Protestieren der deutschen Studenten und meinem eigenen inneren Protestieren gegenüber dem griechischen Staat. Eigentlich hatte ich mich nach meinem Ankommen in Deutschland nach und nach radikal von der griechischen Gesellschaft abgewandt bzw. ihr den Rücken gekehrt.

Sehr hilfreich in dieser schwierigen Studentenzeit – geradezu eine Wohltat – war unsere kleine Gruppe, die aus insgesamt sechs griechischen Studentinnen und Studenten bestand, mit denen meine Schwester und ich befreundet waren und uns immer wieder trafen.

Migration in der Mythologie

Mythen sind traditionelle Erzählungen aus einer vergangenen Welt, bzw. aus vergangenen Zeiten, die jedoch ihre Aktualität sowohl in der Gegenwart als auch in der Zukunft nicht verlieren. Sie enthalten bekanntlich eine grundlegende Aussage über das menschliche Dasein. Sie vermitteln eine universelle menschliche Erfahrung und beschreiben Phänomene als Ausdruck menschlicher Sehnsüchte, menschlicher Probleme oder weisen auf Konflikte innerhalb eines Individuums hin. Die großen Mythen enthalten Elemente bzw. Themen wie Migration und Flucht oder das Element der Bestrafung, der Spaltung, der Sprachverwirrung, der Blendung. Diese Elemente stellen symbolische Repräsentationen dar. Amati Mehler (2010, S. 74) sieht in allen großen Mythen – dem Mythos vom Garten Eden, dem Turmbau zu Babel, dem Ödipus-Mythos – ein regressives und ein progressives Element. Die regressive Seite des Mythos enthält ihrer Meinung nach die Sehnsucht nach einer Universalsprache, nach einem Ursprung, nach einem idealen, verlorenen, imaginären Zustand und erfüllt damit unser Heimweh nach einer »Harmonia mundi«. Psychoanalytisch gesehen könnte dies als Ausdruck einer Phantasie verstanden werden, welche die Verschmelzungswünsche und die regressive Sehnsucht nach dem Symbiotischen befriedigt. Auf der progressiven Seite stellt der Mythos einen Zustand des Unglücklich-Seins dar, eine Unwegsamkeit oder eine Ausweglosigkeit, die nach einer Lösung sucht und zu einem Handeln führt. Dies kann dann eine Migration – verbunden mit Erkenntnis und geistiger Entwicklung – sein oder Exil und Flucht, verbunden mit Stagnation und Gefühlen der Bestrafung und Spaltung.

Auf die Menschen unserer Zeit übertragen wäre es meiner Meinung nach so zu verstehen, dass ein intrapsychischer Teil des Menschen nach Entwicklung und Erkenntnis strebt, während ein anderer dies verhindert, sodass die Migration, die zunächst als Erkenntnisgewinn erlebt wird, sich in ein als Strafe erlebtes Exil verwandeln kann. Bion sieht in all den o. g. Mythen auch das Element der Neugier als vorherrschend und als eine grundlegende Kraft, die einen Wissenserwerb ermöglicht. Für ihn ist die Suche nach Erkenntnis mit Neugier und Wissensdurst verbunden. Seiner Meinung nach hat jedoch die Neugier in den Mythen vom Garten Eden und dem Turmbau zu Babel den gleichen Status wie die Sünde und führt zu Katastrophen (Bion, 1963, S. 79). Amati Mehler ergänzt diese Gedanken Bions, wenn sie sagt, dass es sich dabei um eine gewaltsame, subversive Neugier handelt, die eher als menschliche Vermessenheit zu verstehen ist und eine Strafe nach sich zieht (vgl. Amati Mehler: *Das Babel des Unbewussten*, 2010, S. 76). Sie zitiert Bion, der zwei Sorten von Wissen unterscheidet: a. das wirkliche Wissen (K), solange genügend Frustrationstoleranz vorhanden ist, um den Schmerz über das Nichtwissen auszuhalten, b. das arrogante und gewalttätige Wissen (-K), wenn einem Individuum diese Toleranz fehlt. Die Mythologie stellt die Tatsache in Rechnung, dass gerade diese zweite Art vom arroganten, überheblichen Wissen negative Folgen mit sich bringt und zu Katastrophen führt. So schmiedet z. B. das Volk in dem Babel-Mythos den vermessenen Plan, mit seinem Turm nicht nur die Natur, sondern auch Gott zu übertreffen, mit dem Ergebnis der Zerstreuung des Volkes über die ganze Welt, der Zerstörung ihrer gemeinsamen Sprache, der Verwirrung und der Kommunikationslosigkeit (ebd., S. 74). Ödipus, der in seinem Leben mehrmals migrierte, setzt in Theben nach dem Vatermord und nach dem Inzest auf überhebliche Weise die Nachforschungen nach dem Verbrechen fort – trotz aller Appelle des blinden Sehers Teiresias. Bion zufolge verfolgt er zwar einerseits mit hartnäckiger Arroganz sein Ziel, den Mord an Laios aufzuklären, andererseits verleugnet er die eigene innere Stimme, repräsentiert von Teiresias, die ihn warnt und das

Aufklären verhindern will. Nach Bion macht sich Ödipus damit der Hybris schuldig, das Ergebnis ist dann Blendung und erneutes Exil bzw. Flucht (vgl. Bion, 1963, S. 79).

Man könnte demzufolge die Aussage des Ödipus-Mythos oder auch des Turmbau-zu-Babel-Mythos so verstehen, dass jedes Handeln, welches auf Vermessenheit, Arroganz und Verleugnung basiert, bestraft wird und negative Folgen haben bzw. zu Katastrophen führen kann. Mit Katastrophen ist gemeint, dass ein Erlebnis als etwas Zerstörerisches erlebt wird und zu Fragmentierung und Traumatisierung führt. Diese zwei Seiten der Mythen – die regressive und die progressive Seite – sind meiner Meinung nach gut auf die Menschen, aber insbesondere auf die Migranten bzw. Flüchtlinge zu übertragen, nämlich: »Es gibt Menschen, die unglücklich sind, da sie ihr Leben als hoffnungs- und perspektivlos erleben und nur die Sehnsucht hegen nach einem besseren, erfüllteren, idealen Leben.« (ebd.) Diese Sehnsucht bleibt jedoch unerfüllt und es gibt in ihrem Erleben keinerlei Aussicht, diese zu verwirklichen. Das führt dazu, dass sie sich in einem Zustand des Übermuts und der Vermessenheit zu einer Handlung entschließen, wie z. B. Migration oder Exil. Dieser Übermut ist zwar einerseits notwendig, denn ohne diesen hätten viele Menschen den Sprung in die Migration nie gewagt, andererseits jedoch wird dieser Übermut von den Menschen als Sünde erlebt und bestraft, wenn er nur auf Verleugnung, überheblicher Arroganz und Vermessenheit basiert. Denn Migration stellt für den Migranten eine extreme Herausforderung dar.

Migration in der Antike

Die Schutzflehenden (Iketiden) von Aischylos

Griechinnen und Griechen von heute leben oft in dem Widerspruch, in gewisser Weise sowohl Teil einer glorreichen, vergangenen Antike als auch Teil einer erbärmlichen Gegenwart zu sein.

Da mich immer sehr interessiert hat, wie die alten Griechen lebten und mit Migrationsproblemen umgingen, beschäftige ich mich jetzt mit den *Schutzflehenden* von Aischylos.

Die *Schutzflehenden* von Aischylos, auch Danaiden (die 50 Töchter des Danaos in der Danaiden-Trilogie) genannt, sind die ersten Flüchtlinge in der Weltliteratur und es waren Frauen, die das Mittelmeer überquerten und als Asylsuchende in Argos Schutz suchten. Dieses Drama von Aischylos behandelt das Thema von Gewalt, von Flucht und deren Folgen auf die nächsten Generationen; Themen, die für uns auch heute noch sehr aktuell sind.

Auch damals brachten Migration, Flucht und Asylsuche, so wie heute, für das Gastland viele Probleme mit sich. Zum einen ging es um die Frage nach dem Status der Fremden und Asylsuchenden, wie ihre Rechte in der Aufnahmegesellschaft gewahrt werden. Zum anderen ging es um den Schutz und die Interessen der einheimischen Bevölkerung. Diese Themen haben in den antiken Stadtstaaten – wie auch heute – Anlass für Diskussionen und Auseinandersetzungen gegeben und viele Politiker und Dichter der Antike sehr beschäftigt. *Die Schutzflehenden* von Aischylos ist der erste Teil einer Trilogie, die auf der mythologischen Sage der Danaiden basiert. Den inhaltlichen Stoff dieser Sage verarbeitet Aischylos in dieser Tragödie, die Schätzungen zufolge im Jahre 476 v. Chr. uraufgeführt wurde (Aischylos: *Tragödien und Fragmente,* S. 33). Anlass war die damals in Athen aktuelle politische Situation. Staatslenker von Athen war Themistokles, der 480 die Schlacht gegen die Perser in Salamis siegreich gewonnen hatte. Trotzdem war im Jahre 476 die politische Situation für Themistokles sehr instabil und ihm drohten der Ostrakismos (das Scherbengericht) und die Verbannung bzw. der Tod.

Es ist bekannt, dass eine Tragödie mit dem oft tödlichen Scheitern des tragischen Helden zu tun hatte, denn er war in ausweglose und unlösbare Konflikte verstrickt (Ödipus, Orest). Auch wird erwogen, dass die Tragödien damals als Propagandawaffe im politischen Kampf eingesetzt wurden. Aischylos wollte mit dem Drama der *Schutzflehenden* das liberale politische Lager von Themistokles stärken und seine damalige politische Allianz mit Argos stabilisieren (Aischylos: *Tragödien und Fragmente*, S. 23). Argos und der König Pelasgos galten für Aischylos als liberal, demokratisch und tolerant.

Die Danaiden mussten ihre Heimat Ägypten verlassen, das Mittelmeer überqueren und in Argos um Schutz und Asyl bitten, da ihnen sonst in ihrer Heimat die Zwangsheirat und die Ermordung drohten.

Die Danaiden-Sage

Io, Tochter des argivischen Flussgottes und Königs Inachos ist die Geliebte von Zeus. Hera, die Gemahlin von Zeus, ist eifersüchtig und zornig, sie straft Io, indem sie diese in eine Kuh verwandelt. Zeus nähert sich weiterhin Io, nun in Gestalt eines Stiers. Um dem ein Ende zu setzen, schickt Hera die Bremse mit dem Wahnsinn und verjagt so Io aus der Heimat. Getrieben und rastlos flieht Io, zieht durch alle Länder und Kontinente, von Europa, über Asien kommt sie letztlich in Ägypten an, da lässt sie sich nieder. Zeus, der Mitleid mit Io hat, heilt sie, indem er sie wieder in ihre ursprünglich menschliche weibliche Gestalt verwandelt.

Er berührt sie an der Stirn und aus dieser Berührung entsteht der Sohn Epaphos (= Berührung). Epaphos heiratet später Libya und wird der Ahnvater von Bellos und dessen Kindern, den Zwillingsbrüdern Danaos und Ägyptos (Könige von Libyen und Ägypten). Beide haben mit jeweils verschiedenen Frauen Kinder gezeugt, Danaos 50 Töchter, Ägyptos 50 Söhne. Im Rahmen eines Erbstreits sollen die Danaos-Töchter mit den Ägyptos-Söhnen zwangsverheiratet werden, damit die Söhne an dem königlichen Erbe teilhaben. Danaos und die Danaiden weigern sich, da sie hinter dieser Heirat die Absicht erkennen, von den Vettern getötet zu werden. Mit Vater Danaos als Oberhaupt fliehen sie aus Ägypten, überqueren das Mittelmeer und kommen in die Urheimat Argos zurück, wo sie Schutz und Asyl fordern. Letztendlich wird den Danaiden Asyl gewährt und sie dürfen dort bleiben. Ägyptos schickt aber seine Söhne, die Ägyptiaden, nach Argos, um mit Unterstützung von Pelasgos nochmals Danaos und die Danaiden zu überzeugen, der Heirat zuzustimmen, immer noch mit dem heimlichen Plan, sie nach der Heirat umzubringen. Da Danaos sich weigert, belagern Ägyptos und die Ägyptiaden Argos und können dann letztendlich die Danaiden heiraten. Angetrieben von Danaos töten daraufhin die Danaiden in der Hochzeitsnacht ihre Vettern und Ehemänner brutal.
Zur Strafe wurden sie dann dazu verflucht, das Wasser aus ihren Krügen in durchlöcherte Fässer zu schütten, so dass die Fässer nie voll wurden.

In der Danaiden-Sage ist Flucht mit Angst und Gewalt verbunden. Io, ursprünglich Priesterin des Hera-Tempels in Argos, ist zugleich die Geliebte von Zeus. Für diese inzestuöse Beziehung zum Vater Zeus verliert sie die mütterliche Gunst, Solidarität und Wärme und wird verbannt aus dem mütterlichen Nest. Verfolgt und verflucht von der Eifersucht und Rache der Mutter-Göttin Hera, wird sie in eine Kuh verwandelt und – als würde das nicht reichen – muss rastlos, wie wahnsinnig über alle Länder und Kontinente fliehen, bis sie endlich in Ägypten Ruhe findet; dort ist sie allerdings eine Fremde. Man könnte dieses delirierende Umherirren der Io als die weibliche Version des Ödipusdramas sehen (vgl. Kristeva, 1990, S. 52).

Diese Elemente bzw. Traumata von Fluch, Flucht und auch Gewalt werden dann von der Ahnmutter Io transgenerationell an die nächsten Generationen weitergegeben. So fliehen auch die Danaiden von Ägypten nach Argos, da ihnen sonst Gewalt und letztlich der Tod droht. In Argos sind sie die Fremden, die Unangepassten, die Wilden, die Widerspenstigen. Sie handeln gegen die Gesetze und Regeln der liberalen, toleranten argivischen Gesellschaft und sie widersetzen sich der Ehe. Die Ägyptiaden erzwingen mit der Gewalt der Waffen die Heirat. Durch brutalen Mord allerdings verhindern die Danaiden den Vollzug der Ehe mit den verhassten Vettern und sichern damit ihr eigenes Überleben (Aischylos: *Tragödien und Fragmente,* S. 104). Aischylos verortet das Fremde, das Andersartige, das Wilde, das Brutale bei den Fremden, den Danaiden und Ägyptiaden, während er die Argiver – so wie die Athener – als liberales, zivilisiertes, demokratisches Volk erscheinen lässt.

Das Unangepasste, Exotische der Danaiden wird aus dem folgenden Vers deutlich: Pelasgos, König von Argos begrüßt den Danaidenchor folgendermaßen:

> »Wes Landes soll ich diese Unhellenenschar, so prunkend in Barbarenkleides Überwurf, im Stirnbandschmuck, begrüßen? Nicht argolisch ist der Weiber Anzug, noch von griechischen Landen sonst.« (Aischylos, *Tragödien und Fragmente*, S. 67)

Pelasgos ist im Konflikt, will einerseits die Rechte der Schutzflehenden respektieren und ihnen Schutz ermöglichen, andererseits will er aber auch die Interessen seines Volkes nicht außer Acht lassen. Er ist in einem großen Dilemma und fürchtet einerseits den Zorn

Zeus', wenn er die Flüchtlinge nicht aufnimmt, andererseits fürchtet er den Krieg mit den Ägyptiaden, wenn er die Flüchtlinge aufnimmt. Letztendlich nimmt er sie auf und gewährt ihnen Asyl, allerdings unter der Bedingung, dass die Fremden die Normen und Regeln der Argiver akzeptieren und auch unter der Bedingung, dass sie zu Schutzflehenden werden. Sie sollen Zweige am Altar der Götter niederlegen, vielleicht als Symbol ihrer Bereitschaft, sich den Normen und Regeln der argivischen Gemeinschaft anzuschließen und sich anzupassen (vgl. Kristeva, 1990, S. 56). Auch wird ein Vermittler eingesetzt, ein sogenannter Proxenos, der sowohl die Rechte der Fremden vertritt, als auch die Interessen der Argiver bewahrt. In diesem Fall ist der König selbst der Proxenos.

Der Vater Danaos weiß, dass eine Integration seiner Töchter im Gastland der argivischen Gemeinschaft noch lange nicht in Sicht ist, und rät ihnen zu einem bescheidenen Auftreten; sie sollen angepasst und nicht aufmüpfig sein.

Die Danaiden kommen nach Argos in eine liberal-fortschrittliche, zivilisierte Gemeinschaft, stammen aber aus einer eher rückständigen, archaischen Welt, in der noch Zwangsheirat, Gewalt und Endogamie herrschen. Auch hier zwei Welten! Hinzu kommt – ähnlich wie heute –, dass sie vorbelastet sind, denn sie tragen die Traumatisierungen ihrer Vorfahren, hier der Ahnmutter Io (Fluch, Flucht und Gewalt). In Argos bekommen diese aufsässigen Danaiden nur Asyl, wenn sie sich anpassen und exogam, d. h. Männer außerhalb der eigenen Familie, heiraten, was sie letztlich auch tun, ein Zeichen für Fortschritt und Entwicklung.

Auf der anderen Seite machten sich die Danaiden sehr nützlich, da sie den Argivern und den argivischen Frauen den Bau von Quellbrunnen beibrachten, was sehr wichtig war, da Argos in dieser Zeit unter einer langanhaltenden Dürre litt. Auch weihten sie die Frauen von Argos in die Mysterien der ägyptischen Demeter ein. Somit führten sie im Rahmen der Thesmophorien (Pflichtopfer: Feierlichkeiten zur Weihe des Ackerbaus) in Argos den Demeterkult ein.

Ursprünglich als Priesterinnen der Göttin Hera begeben sich die Danaiden jetzt als Wasserträgerinnen in das Reich der Demeter, denn als Wasser-Schöpferinnen bewässern sie die Erde, machen sie fruchtbar und fördern damit den Demeterkult und den Ackerbau, Domänen des heimischen Herds, der Frauen und der Familie (vgl. Kristeva, 1990, S. 55). Darin wird erkennbar, dass zwischen dem Volk von Argos und den zunächst unangepassten, exotischen, widerspenstigen Fremden eine Entwicklung, eine Annäherung und eine gegenseitige Beeinflussung und Befruchtung stattgefunden haben.

Diese Themen der Gewaltverhältnisse, der Migration und letztendlich der Integration beschäftigen uns doch heute genauso.

Julia Kristeva (1990, S. 54) sieht die Fremdheit als den politischen Ausdruck der Gewalt. Ihrer Meinung nach

> »scheint die Fremdheit der elementaren Zivilisationsform zugrunde zu liegen, ihre notwendige Kehrseite, vielleicht sogar ihre Quelle zu sein, die kein häusliches Gefäß – auch nicht das der Danaiden – ein für allemal integrieren kann«.

Die Fremden in der Antike

Im antiken Athen lebte eine nach außen hin abgeschirmte und in sich geschlossene Gesellschaft: Diese bestand aus den Athener Bürgern, aus den Fremden, die auf der Durchreise waren, und aus den Fremden, die aus verschiedenen Gründen in die Polis gezogen waren und dort dauerhaft lebten, die sogenannten Metöken (Mitbewohner). Diese stammten aus anderen griechischen Städten, waren Handwerker, Landwirte oder Intellektuelle. Die Metöken hatten in

Athen keine Bürgerrechte, sie durften keinen Besitz haben, hatten kein Wahlrecht und keine Mitwirkungsrechte in der Gemeinschaft. Sie mussten eine Steuer bezahlen und waren dann akzeptiert, sogar erwünscht, wenn sie dem Staat oder der Polis wirtschaftlich oder auf andere Weise nützlich waren. Die Migranten von heute entsprechen eher dem Status der in der Antike lebenden Fremden. Als Athener Bürger galten seit der Gesetzgebung von Solon (630 v. Chr.–560 v. Chr.) die Menschen, deren Väter Athener Bürger waren. Perikles (490 v. Chr.–429 v. Chr.) änderte dieses Gesetz dahingehend, dass Bürgerrechte nur dann jemand genoss, wenn sowohl Vater als auch Mutter Athener Bürger waren. Fremden gegenüber waren die Athener eher misstrauisch, sogar feindselig.

Sowohl Herodot als auch Aristoteles waren Metöken.

Aristoteles – ein Heimatloser zwischen zwei Welten?

Aristoteles wurde 384 v. Chr. in Stageira in Makedonien geboren. Sein Vater Nikodimos war Leibarzt des damaligen Königs Amyntas III. von Makedonien. Da die Eltern sehr früh starben, kam er im Jahr 367 v. Chr. 17-jährig nach Athen in die Akademie von Platon, dessen Schüler er wurde. Recht bald durfte er forschen und lehren und wurde aktives Mitglied der Akademie. Er blieb 20 Jahre lang bis zu Platons Tod im Jahr 347 v. Chr. dort. Danach verließ er Athen. Die Leitung der Akademie übernahm dann Platons Neffe Speusippos. Der Überlieferung zufolge scheint Aristoteles damit nicht einverstanden gewesen zu sein. Es besteht die Vermutung, dass er die Leitung der Akademie nicht übernehmen sollte, weil er kein Athener Bürger war. Auch geriet er in politische Schwierigkeiten wegen seiner makedonischen Herkunft und wegen der nahen Verbindung seiner Familie zum makedonischen Hof. Seine Loyalität zu Athen erschien den Athenern zweifelhaft. Zu dieser Zeit eroberte der König Makedoniens Philipp II. Chalkidiki und zerstörte mehrere Städte, weswegen Philipp II. bei den Athenern auf große Ablehnung stieß, da sie sich bedroht fühlten. Diese antimakedonische Haltung traf auch Aristoteles, der Athen dann 347 v. Chr. nach Platons Tod verließ. Er nahm die Einladung eines Freundes und ebenfalls Philosophen der Akademie, Hermias, an und ging nach Assos, einer Stadt an der kleinasiatischen Küste, wo er weiterhin arbeitete und forschte. Im Jahr 342 v. Chr. folgte er dem Ruf des makedonischen Königs Philipp, der ihn beauftragte, seinen 13-jährigen Sohn Alexander zu unterrichten. Nach dem Tod König Philipps kam er dann im Jahr 335 v. Chr. wieder nach Athen zurück, als dessen Sohn und neuer König Alexander Griechenland eroberte. Der Überlieferung zufolge gründete Aristoteles in dieser Zeit in Athen eine eigene Schule, die spätere peripatetische Schule, mit finanzieller Unterstützung Alexanders. Nach dem Tod Alexander des Großen 323 v. Chr. nahmen in Athen die politischen Kräfte gegen Makedonien und auch die Anfeindungen gegen Aristoteles zu. Da er ein ähnliches Schicksal wie Sokrates, wegen Hochverrats angeklagt zu werden, fürchtete, verließ er Athen und zog sich nach Euböa in das Haus seiner Mutter zurück, wo er ein Jahr später, 322 v. Chr., starb.

Könnte man hier nicht die Vermutung wagen, dass Aristoteles in Athen trotz aller Verdienste bei den Athener Bürgern nicht integriert war und ein Fremder geblieben ist?

Alexander der Große bewirkte letztlich eine Umwandlung der gesellschaftlichen Struktur der Stadtstaaten, da er eine Öffnung der Grenzen und eine Art Kosmopolitismus einführte. Vielleicht wäre für Aristoteles eine Integration dann eher möglich gewesen.

Migration und Integration

Was ist eine Integration und ist sie überhaupt möglich? Mit Migration verbunden ist das Gefühl der Fremdheit. Ist Integration dann erreicht, wenn man sich im Gastland nicht mehr fremd fühlt? Aber man ist und bleibt doch für immer fremd! Nach Julia Kristeva, die für ein Leben mit dem »Fremden« plädiert, sind wir alle fremd, denn verstärkt durch die Globalisierung ist jeder mal mit dem Gefühl des Fremdseins konfrontiert worden. Geht es bei der Integration nicht viel mehr darum, dieses Fremdsein-Gefühl in sich zu integrieren, auszuhalten und zu etablieren? Je schwerwiegender natürlich die prämigratorischen Traumatisierungen sind, umso schwerer wird dieser Integrationsprozess werden.

Wie kommt es zu Migration?

War ich nicht immer schon eingezwängt und eingeschlossen in »fremden Schuhen«, die mir zu klein, zu eng oder zu groß waren? In fremden Erwartungen, die ich meinte, nie erfüllen zu können? Wenn Heimat der Ort ist, an dem wir uns geborgen und zugehörig fühlen, dann emigriert derjenige, der in seiner Heimat kein Zuhause gefunden hat, nicht beheimatet war. Man sucht dann die Heimat woanders – in der Fremde – und meint, dort das zu finden, was man im eigenen Land nicht gefunden hat. Wobei dann das fremde Land mit vielen idealisierten Phantasien und Vorstellungen ausgestattet wird.

Bei der Frage danach, *warum* man gegangen ist, sucht man natürlich immer nach äußeren Gründen. Letztendlich weiß man jedoch, dass es mit einem selbst zu tun hat, weswegen man sich »ins Exil« geschickt hat. Es ist oft leichter, sich als Fremder in einem Gastland zu fühlen, als eine innere Fremdheit im eigenen Land auszuhalten!

Sehr einfühlsam beschreibt Julia Kristeva (1990, S. 15) das intrapsychische Geschehen des Fremden, der seiner geliebten Mutter fremd geblieben ist, weil er sie als unaufmerksam, zurückhaltend, distanziert bzw. abwesend erlebt hat. Er ruft sie nicht, nimmt sie nicht in Anspruch, sondern klammert sich stolz an das, was ihm fehlt, nämlich das Abwesende. Auch beschreibt sie den Fremden als Abkömmling eines Vaters, der zweifellos existiert, dessen Präsenz ihn aber nicht festhält. Gefesselt zwischen der Zurückweisung einerseits und dem Unerreichbarem andererseits ist der Fremde bereit zu fliehen.

> Ich habe mich verloren in den engen Gassen,
> die mich für immer festgehalten und gefesselt haben, in den Häfen.
> Ich habe mich verloren, weil ich die Flügel nicht hatte und
> ich bin in eine dunkle Taverne gegangen, weil ich zu
> viele Träume hatte. Aber der Hafen, der Hafen war zu klein, weil ich
> immer alleine war, und ich werde immer alleine sein.
> *(Lied von Mikis Theodorakis)*

Die Gründe für eine Migration können sehr unterschiedlich sein. Armut, Kriege, widrige soziale, politische oder religiöse Gegebenheiten sind häufige Ursachen. Die Unterscheidung zwischen gewollter freiwilliger und ungewollter erzwungener Migration ist dabei wichtig, da dies Auswirkungen auf die spätere Verarbeitung der Verluste und die damit verbundene Trauer hat.

Oft wird die Migration von dem Wunsch nach einem »besseren Leben« bestimmt. Dieser Wunsch bzw. dieses Verlangen nach einem besseren Leben gibt die Triebkraft für jede Emigration, z. B. der Wunsch, in Freiheit und in wirtschaftlicher Unabhängigkeit zu leben (vgl. Erdheim, 2008, S. 138). Der Entschluss zur Migration kann auch aus einem komplexen Zusammenspiel zwischen intrapsychischen und sozioökonomischen Faktoren entstehen, die oft ineinander übergehen (Akhtar, 2007, S. 38).

Die Migrationsbewegung der 1960er- und 1970er-Jahre war von dem Wunsch geprägt, mehr Anteil an gesellschaftlichem Wohlstand und an sozialpolitischen Prozessen zu haben. Das betraf in Griechenland vorwiegend die ärmeren Bevölkerungsschichten, die arbeitende Bevölkerung und die Agrarbevölkerung, aber auch viele junge Menschen wie mich, die in ihrem Heimatland keine Perspektive sahen. Deswegen emigrierte man und nahm die schmerzliche Ablösung von allem Vertrauten in Kauf. Man wollte sich aus beklemmend engen familiären und politisch-sozialen Verhältnissen befreien, mit der Sehnsucht und mit der Neugierde nach etwas Neuem, auch auf der Suche nach neuen Erkenntnissen. Dieser Emanzipationsweg, diese Odyssee zu Erkenntnissen, kann jedoch sehr langwierig und schmerzhaft sein; zugleich ist er aber auch verbunden mit Wachstum, Reife und Entwicklung. Nach Mario Erdheim (2008, S. 138) sind Migrationen kulturelle Prozesse, die zur Entwicklung des Menschen gehören und man könnte sie vergleichen mit der Adoleszenzkrise, die für die Reifung eines Individuums unentbehrlich ist.

Migration – ein traumatisches Erlebnis?

In der Migrationsforschung ist man einig darüber, dass eine Migration auch unter den günstigsten Bedingungen ein traumatisches Ereignis darstellt und wie andere Traumata einen Trauerprozess in Gang setzt (Akhtar, 2007, S. 20). Die Grinbergs (1990, S. 13) sprechen von einer Krisensituation, in der es von der Prädisposition des Individuums abhängt, ob sie traumatisch erlebt wird oder nicht. In der Migrationsliteratur wird die Migration als ein Beben, als eine Erschütterung und als Kulturschock beschrieben. Der Schock entsteht dadurch, dass durch die Migration das kulturelle Fundament, das ein Mitglied einer Gesellschaft in Form seines kulturell erworbenen Wissens und Könnens besaß, im Gastland auf einmal nicht mehr gültig ist, als wäre es entwertet und vernichtet. Der Migrant fällt dann sozusagen zurück in den Status eines unwissenden Kindes. Dieser Verlust des kulturellen Wissens und der kulturellen Kompetenz wird oft als Absturz oder als Schock erlebt.

Die ungarische Schriftstellerin Ágota Kristóf beschreibt ihren Zustand nach der Flucht von Ungarn in die französische Schweiz so, als wäre sie Analphabetin, da sie die Sprache nicht beherrschte. Nach derer schnellem Erlernen hat sie dann das Buch *Die Analphabetin* in französischer Sprache geschrieben.

Christoph Schneider (2016, S. 923) zitiert Jean Amery, der auf der Flucht vor dem Nationalsozialismus im belgischen Exil den Verlust seiner Heimat mit dem Verlust des Bezugs zu seinem Selbst zusammenbrachte: »[…] ich war kein Ich mehr und lebte nicht in einem Wir.« Schmerzlich stellte er fest, dass seine Sprache einem Prozess der »Schrumpfung« unterlag, weil der sprachliche Ausdruck allein auf das Sachliche reduziert war.

Migration kann auch mit einer Amputation verglichen werden, sagt der algerische Schriftsteller Kamel Daoud (in: *Süddeutsche Zeitung,* September 2016), denn man verliert alle Freunde, die Familie, das Umfeld, die Sprache, alles, was man sich aufgebaut hatte.

Dieses Phänomen des Verlustes der Sprache und der heimatlichen Werte habe ich sehr oft sowohl bei mir, als auch bei Patientinnen griechischer Herkunft oder bei Patientinnen, die aus weiter östlichen Kulturen kamen, beobachten können. Diese definierten sich in ihrer Heimat durch ihre familien- und traditionsgebundene Rolle. Es mag sein, dass diese Frauen sich darin eingeengt und gefangen fühlten und aus dieser Enge ausbrechen wollten, aber hier in der westlichen Welt wurden sie mit einem ganz anderen Frauenbild konfrontiert, nämlich mit dem Bild einer berufsorientierten, emanzipierten Frau. Dieses westliche Frauenbild führte bei ihnen häufig zu einer massiven Verunsicherung und psychischen Destabilisierung. Ich persönlich war und bin immer noch sehr oft mit diesem Konflikt konfrontiert, der aus der Kluft entstand – bzw. entsteht – zwischen meinem griechisch-traditionell geprägten Ich in der Rolle als Frau und Mutter einerseits und den westlichen Anforderungen andererseits, beruflich weiterzukommen und eine westlich orientierte emanzipierte Frau zu sein. Natürlich hat die Konfrontation mit diesen zwei verschiedenen Welten oft für Verunsicherung und für psychische Abstürze in mir gesorgt.

Diese Aspekte werden auch in der Literatur beschrieben. Es hat sich z.B. wissenschaftlich erwiesen, dass Flucht und Migration negative Folgen auf die Schwangerschaft und auf die frühe Elternschaft haben können, denn es gibt häufigere Aborte und die Laktation kann ausbleiben. Durch die Verunsicherung und die Überforderung kann die Empathiefähigkeit der Mütter bzw. der Eltern für ihre Kinder nachlassen oder ganz verschwinden. Wie oft habe ich mich in der Beziehung zu meinen Kindern unfähig gefühlt, mich in sie einzufühlen, und die entsprechenden Schuldgefühle gehabt.

Zu den intrapsychischen Faktoren einer Migration

Zu den inneren, subjektiven Faktoren gehören die Persönlichkeitsstruktur des Individuums vor der Migration und die Frage, wie sein Verhältnis zu der Kultur und zu der Gesellschaft, in der es lebte, war. Ob z.B. die Migration dadurch motiviert war, dass schon vorher eine Störung im Verhältnis des späteren Migranten zum Heimatland existierte, z.B. weil das eigene Mutterland keine Lebensperspektiven zur Verfügung stellen konnte. Die Entscheidung zur Migration könnte dann eine Folge dieses gestörten Verhältnisses sein und wäre sozusagen eine Strategie des Individuums, die in der Heimat erlebten Brüche von Entwicklungsmöglichkeiten zu bewältigen, indem es versucht, neue Möglichkeiten im Ausland zu finden und zu realisieren (vgl. Karatza-Meents, 2014, S. 729). Dieser Aspekt wird auch in der Studie von Bingemer, Meistermann-Seeger und Neubert über die Lage der Gastarbeiter in Deutschland bestätigt (1972, S. 50). In dieser Studie wurde die Annahme formuliert, dass der Grund für die Migration bei den spanischen Gastarbeitern vordergründig der Wunsch war, Geld zu verdienen, dass aber als hintergründige Motivation ein enormer Drang nach Freiheit und Befreiung aus engen Verhältnissen festgestellt wurde. Bei den griechischen Gastarbeitern erkannte man in dieser Studie, dass ein gestörtes Verhältnis zu ihrer Heimat bestanden hat und dass dieses gestörte Verhältnis sie zu einer Emigration zwang. Dies wurde mit der politischen Situation des Landes, mit dem Bürgerkrieg von 1946–1949, aber auch mit der Flucht und Vertreibung von 1,5 Millionen Griechen 1922/23 aus den türkischen Gebieten nach Griechenland in Zusammenhang gebracht. Dieser Studie zufolge sind die damals vertriebenen Griechen nie wieder ganz sesshaft geworden. Das entspricht meinen eigenen Erfahrungen; sowohl denen, als ich noch in Griechenland lebte, als auch meinen Erfahrungen mit in Deutschland lebenden griechischen Patienten, die Migranten erster Generation und zu einem großen Teil Kinder von Vertriebenen waren.

Zuletzt ist hier noch die Hypothese von Karl Bingemer zu erwähnen über die unbewusste Motivation der Gastarbeiter, ihre Heimat zu verlassen. Er benennt eine »Ausreißer-Natur« der Gastarbeiter, die mit dem Gefühl von Ohnmacht und Unzulänglichkeit der eigenen Kräfte einhergeht, die so massiv und unerträglich erlebt wird, dass die Umwelt beschuldigt werden muss, dieses Elend verursacht zu haben. Wenn diese Projektion nicht mehr aufrechterhalten werden kann, muss dann – Bingemer zufolge – das Milieu gewechselt werden. Vielleicht könnte man dies auf die Migranten schlechthin übertragen.

Hat die primäre Mütterlichkeit versagt?

Psychodynamisch könnte man dieses gestörte Verhältnis Migrant-Mutterland mit einer gestörten, konfliktreichen Mutter-Kind-Beziehung vergleichen, in der die Fürsorge- und Haltefunktion der Mutter nicht funktioniert hat. Wenn die Mutter in ihrer Haltefunktion versagt, d.h. wenn sie die Unzufriedenheit des Kindes nicht annehmen und nicht befriedigen kann, auch seine Ängste und Nöte nicht beschwichtigen und beruhigen, kann dies später zu einer Symptomatologie der »Heimatlosigkeit« und der »Entwurzelung« und einer illusorischen Suche nach einem »anderen Land« mit idealisierten Inhalten führen (vgl. Grinberg & Grinberg 1990). Dies entspricht meiner Meinung nach der von Kristeva bereits beschriebenen Psychopathologie des Fremden. Damit ist das Versagen der primären Mütterlichkeit gemeint. Primäre Mütterlichkeit ist die Fähigkeit der Mutter, dem Kind Schutz und Halt zu gewähren und sich so lange an die Bedürfnisse des Kindes anzupassen, bis es von seiner Entwicklung her in der Lage ist, versagende Situationen seitens der Mutter zu tolerieren, ohne sie traumatisch zu erleben.

Ich stelle hier die Hypothese auf, dass viele der Migranten/Arbeitsmigranten erster Generation, die die traumatisierenden Folgen der Vertreibung ihrer Eltern erlebt haben, in Zeiten des Zweiten Weltkriegs oder während des Bürgerkriegs geboren und groß geworden sind, in ihrer eigenen frühen Kindheit keine bzw. keine ausreichende primäre Mütterlichkeit, sondern Härte und emotionale Kälte erlebt und Parentifizierungserfahrungen gemacht haben.

Diese Meinung hat sich nach und nach in mir etabliert durch die Behandlung von vielen griechischen Patientinnen und Patienten in Deutschland, Migranten der ersten Generation, durch meine eigenen Kindheitserfahrungen und im Rahmen meiner Auseinandersetzung mit dem Thema der Migration. Griechische Migranten z. B. hatten in der Heimat nach den Schrecken des Zweiten Weltkriegs einen noch schlimmeren dreijährigen Bürgerkrieg erlebt. Es herrschten Angst, Hunger und Not, und es gab wenig Spielraum für die Entfaltung von empathischer Einfühlung seitens der Mütter bzw. Eltern. Die Mütter waren restlos überfordert, die Väter meistens abwesend, da sie in die Kriegswirren verwickelt waren. Aus diesen Gründen komme ich zu der Einschätzung, dass sich unter solchen Bedingungen keine ausreichende primäre Mütterlichkeit entfalten konnte. Bekanntlich setzen die Beachtung und der Schutz von kindlichen Bedürfnissen, von kindlicher Individualität und Würde eine kulturelle und materielle Sicherheit voraus. Diese Sicherheit haben viele der griechischen Migranten und Arbeitsmigranten in ihren Ursprungsfamilien nicht gehabt.

Die Parentifizierungserfahrungen können so verstanden werden, dass die Eltern bzw. Mütter aufgrund eigener fehlender Bemutterung bzw. primärer Mütterlichkeit für die Befriedigung eigener drängender Triebbedürfnisse das Kind gebraucht haben. Auch ist gut vorstellbar, dass unter dem Einfluss der fehlenden primären Mütterlichkeit bei den Müttern aufgestaute Hass- und Racheimpulse den Kindern gegenüber entstehen (vgl. Grubrich-Simitis, 1979). Diese frühen traumatischen Erfahrungen werden dann – wie Aischylos schon bei den Danaiden beschrieben hat – transgenerationell an die nächsten Generationen weitergegeben.

Es ist bekannt, dass die mütterliche Einfühlung in die unterschiedlichsten Bedürfnisse des Säuglings und Kleinkindes dadurch gelingt, dass die Mutter im Zustand relativen eigenen emotionalen

Gleichgewichts ihr Kind gleichzeitig intensiv und schonend libidinös besetzt (vgl. Grubrich-Simitis, 1979, S. 991–1023).

Auch ist bekannt, dass die primäre Mütterlichkeit ein sehr störanfälliger Prozess ist und meist als erste der sozialen Fähigkeiten unter Stressbedingungen verlorengeht. Das Kind erleidet dann den Verlust der affektiven Bindung zu der Mutter, da diese emotional nicht mehr anwesend, nicht mehr präsent ist. In diesem Zusammenhang werden Traumatisierungen dann auf einer sehr basalen Ebene – nämlich über das Körpergedächtnis (embodied memories) – als Grundfolie für zwischenmenschliche Erfahrungen an die nächste Generation weitergegeben (vgl. Leuzinger-Bohleber & Lebiger-Vogel, 2016, S. 76).

Wenn die erste Entwicklungsphase des Kindes in der Beziehung zur Primärperson gestört verläuft, ist davon auszugehen, dass auch die nächste Entwicklungsphase der Individuation und Autonomiebildung gestört verlaufen wird. Für einen ungestörten Ablauf der Autonomie- und Individuationsphase ist die Fähigkeit zur Entfaltung eines Übergangsraums sehr wichtig. Hatten aber die Kinder damals diese Möglichkeit, einen »Übergangsraum« zu entwickeln? Nach Winnicott ist der Übergangsraum der Ort, an dem kreatives Spiel und Kulturerfahrung entstehen. Er entfaltet sich im Spannungsfeld zwischen Kleinkind und Mutter in der Phase, in der das Kleinkind den potenziellen Raum hat, das mütterliche Objekt als Nicht-Ich zu realisieren und abzulehnen, d.h. am Ende der Phase der Verschmelzung mit dem Objekt. Das Kleinkind kann jedoch diese Individuation, d.h. die Trennung von Objektwelt und Selbst, nur dann vollziehen, wenn die Mutter diesen für die Entwicklung des Kindes notwendigen potenziellen Raum ermöglicht, mit Empathie und Einfühlung fördert und nicht als Bedrohung erlebt. Hilfreiche Voraussetzung für die Entstehung eines solchen potenziellen oder Übergangsraumes ist zum einen das tragfähige Gefühl von

Vertrauen und Zuverlässigkeit der Mutter, zum anderen die Anwesenheit eines liebevollen, einfühlsam interessierten und emotional präsenten Vaters.

Viele der späteren Migranten hatten als Kinder, aus den bereits oben beschriebenen Gründen, diesen potenziellen Raum nicht gehabt. Wenn einem Kind die Möglichkeit entzogen wird, einen solchen Raum zu schaffen, verarmt seine Fähigkeit, schöpferisch zu sein, stattdessen nimmt die Tendenz zu, ein falsches Selbst aufzubauen, mit der Folge, dass die kreative Handlungsfähigkeit des Individuums verkümmert. War das möglicherweise ein Grund, warum es mir in der Schule beim Schreiben von Aufsätzen so schwerfiel, Kreativität zu entfalten und handlungsfähig zu bleiben? In solchen Situationen kann das Individuum dann als kreativ Handelndes seine Kultur nicht aktiv mitgestalten und in der Gesellschaft, in der es lebt, nicht aktiv mitwirken. Eine konstruktive und aktive Mitgestaltung ist u. a. davon abhängig, ob das Individuum eine entsprechende Erfahrung in seiner kindlichen Entwicklung erleben und verinnerlichen konnte, d. h. ob es mit Eltern aufwuchs, die ihm die gesellschaftlichen Normen und Standards vermittelten und es behutsam in die Gesellschaft einführten, ob sie ihm halfen, seine individuellen Konflikte mit diesen kulturellen Normen zu verarbeiten und sie schließlich anzunehmen, ohne dass es dabei aufhörte, sich als aktiver und kreativer Teil dieser Gesellschaft oder dieser Gruppe zu fühlen. Wenn ein Kind diese fürsorgliche Einführung und Begleitung nicht erfahren hat, wird es später als Erwachsener Normen zwar befolgen und sich ihnen unterordnen, aber nicht als aktives Individuum an einem gesellschaftlichen Prozess teilnehmen können (vgl. Saller, 2003, S. 168). Aus eigenen und aus Erfahrungen mit Patienten weiß ich, dass viele griechische Migranten der 1960er- und 1970er-Jahre sehr früh in die Not und in den Überlebenskampf der Eltern hineingeworfen waren – manche mussten sogar arbeiten und Geld mitverdienen. Deren Eltern waren durch Kriegs-, Flucht- oder Vertreibungserfahrungen einerseits traumatisiert, andererseits von Existenznöten so sehr okkupiert, dass sie ihre Kinder eher als entlastenden Faktor funktionalisiert bzw. verdinglicht hatten. Ein Beispiel dafür ist, dass viele der Arbeitsmigranten der ersten Generation keinen Schulabschluss hatten, nicht einmal die Grundschule abschließen konnten, weil sie z. B. bei der Feldarbeit gebraucht wurden. Viele waren Analphabeten, obwohl die Schulpflicht 1911 flächendeckend für alle Kinder in Griechenland eingeführt worden war. Aus dieser Perspektive heraus ist es besser zu verstehen, warum viele der Arbeitsmigranten die Sprache im Gastland nicht erlernen konnten. Sie hatten das »Lernen« nicht gelernt. So blieben diese Kinder als Individuen gesichtslos, unsichtbar – etwas, das ich aus eigener Erfahrung auch kenne.

Die gesichtslosen, unsichtbaren Migranten

Bei der Auseinandersetzung mit meiner Migration haben mich die Schicksale der Arbeitsmigranten, deren Entwicklung und die Entwicklung derer Kinder und Enkelkinder sehr interessiert und sind mir nahegegangen. Die entsprechende Literatur im Zusammenhang mit diesen Themen hat mich bei dieser Auseinandersetzung immer sehr hilfreich begleitet. Mir sind die Kultur insbesondere bei den Migranten aus dem südosteuropäischen Raum und die Widersprüche und Risse, die entstehen, wenn man im nord- und westeuropäischen Raum lebt, bekannt und vertraut. Es ist, als würde ich etwas über mich erfahren und auch versprachlichen. In diesem Kontext hat mich z. B. die Ausstellung der türkischen Künstlerin Nil Yalter, die in Kairo geboren wurde, in Istanbul aufwuchs und seit 1965 in Paris lebt, berührt und angesprochen. Nil Yalter setzt sich in ihrer Ausstellung mit dem Titel (nach Nâzim Hikmet) *Exile is a hard job* (2019 im Kölner Museum Ludwig) mit der Migration der türkischen Gastarbeiter in den 1960er-Jahren auseinander: Die porträtierten Immigrantinnen und Immigranten sind nur umrisshaft zu erkennen, denn die einzelnen Personen haben kein Gesicht – anstelle ihrer individuellen Gesichter sieht man leere Flächen. Ein Teil der Ausstellung befasst sich mit dem Thema der Gesichtslosigkeit der Migrantinnen und Migranten verbunden mit dem Gefühl, in der Gesellschaft nicht wahrgenommen zu werden. Ein anderer Teil der Ausstellung trägt den Namen *Estranged Doors,* entfremdete Türen. Auch diesen Namen hat sie dem Gedicht eines türkischen Dichters entnommen; Hasan Hüseyin Korkmazgil verwendet das Bild der Tür, um auf einen Zwischenraum aufmerksam zu machen:

> »Eine Tür wird durchschritten, der vorherige Raum wird hinter sich gelassen und der neue Raum liegt noch vor einem. Das Gefühl des Verlassens und noch nicht Angekommen-Seins lässt sich mit der Situation von Migranten/innen vergleichen. In diesem Gedicht führen die Türen, dem türkischen Dichter zufolge, nicht nur zur Entfremdung, sondern gleichzeitig zur Knechtschaft.« (dem Ausstellungsheft entnommen)

Natürlich ist das Neuankommen in einem fremden Land verbunden mit Entfremdungsgefühlen, ist das aber gleich eine Knechtschaft?

Winnicott (1987, S. 124) postuliert im Zusammenhang mit seinem Konzept zur Kreativität, dass die kreative Wahrnehmung das Wichtigste ist, um dem Einzelnen das Gefühl zu geben, dass das Leben lebenswert ist. Im Gegensatz dazu führt er die Bezeichnung der Angepasstheit als eine Form der Beziehung zur äußeren Realität ein, die für den Einzelnen Gefühle der Nutz- und Sinnlosigkeit im Leben mit sich bringt.

Ich bin der Meinung, dass diese Angepasstheit zu dem Gefühl der Knechtschaft führen kann, wenn man den »Zwischenraum« nach

Nil Yalter, den ich gleichsetze mit dem Begriff »Übergangsraum« nach Winnicott, nicht als Möglichkeit der kreativen Entfaltung nutzen kann, sondern als Unterwerfung und Knechtschaft erlebt. Das kann möglicherweise dann geschehen, wenn man viel zu früh parentifiziert und funktionalisiert worden ist und von der Primärperson nicht als »kreatives Individuum« wahrgenommen worden und demzufolge »gesichtslos« geblieben ist. Dieses Individuum wird dann von der Gesellschaft auch weiterhin funktionalisiert, ausgebeutet und nicht wahrgenommen.

Vielleicht hatte meine Migration mit dem unbewussten Wunsch zu tun, mir Übergangsräume und ein kreatives Selbst – auch eine Art der Emanzipation – zu ermöglichen, was mir in meinem Heimatland nicht möglich war.

In diesem Zusammenhang scheint mir wichtig, eine Untersuchung bzw. Befragung von Edeltrud Meistermann-Seeger (Bingemer et al., 1972, S. 72) zu erwähnen. Die Befragung hatte das Ziel zu prüfen, ob unauffälliges soziales Verhalten der Gastarbeiter ein Hinweis für eine gelungene Integration bzw. Anpassung sei:

Es wurden acht Gastarbeiter interviewt. Zwei der Befragten gaben in ihren Berichten bezüglich ihres Verhältnisses zur deutschen Bevölkerung keinen Hinweis auf belastende psychosoziale Prozesse, auf kompensatorisches Verhalten oder auf Abwehrmechanismen. Die Fragestellung berührte für sie offensichtlich keine Konflikte. Die Berichte der anderen sechs Befragten zeugten jedoch von psychosozialer Verwirrung. Es zeigte sich, dass diese Befragten schwierige Situationen mit Hilfe von Idealisierungen abwehrten. Die subjektiv schwierigen Situationen für die Befragten entstanden hauptsächlich aus der Zurückweisung ihrer Kontaktbemühungen in Deutschland und der daraus folgenden Kränkung ihres Selbstgefühls. Mittels der Verkehrung ins Gegenteil – einer neurotischen Abwehr – wurde die zurückweisende Person idealisiert und die kränkenden Affekte wurden abgespalten. Auf die Dauer verschwindet dann die Möglichkeit kritischer Beurteilung überhaupt. Diese Gastarbeiter unterwarfen sich kritiklos ihren hänselnden deutschen Arbeitskollegen. Die Partner benahmen sich dabei wie Herr und Knecht. Diese Unterwerfung sicherte den Befragten einen unteren Platz in der Betriebshierarchie.

Die transgenerationale Weitergabe der fehlenden primären Mütterlichkeit

Es ist bekannt, dass im frühen Alter erlebte Traumatisierungen bedingt durch fehlende primäre Mütterlichkeit schwerwiegende Folgen für die weitere Entwicklung und natürlich auch für die nächste Generation haben können. Traumatisierungen, die durch Verlusterfahrungen oder durch Erfahrungen von Parentifizierung und Verdinglichung im frühen Alter hervorgerufen sind, haben als Folge die Entwicklung einer frühen Scham. Das Phänomen der Scham ist häufig im Zusammenhang mit Migration zu beobachten. Mit »Parentifizierung« und »Verdinglichung« ist die Erfahrung zu verstehen, dass der eigene Status als Subjekt ignoriert, missachtet, verleugnet oder gar verneint wird (vgl. Wurmser, 2013 [1990], Vorwort). Wurmser behauptet, dass die erste und früheste Quelle des Schamgefühls die ist, die aus frühkindlichen Erlebnissen der eigenen Wirkungslosigkeit im Umgang mit anderen entsteht, der Erfahrung des scheiternden Versuchs, wirkungsvoll gegenseitig befriedigende Intersubjektivität und gemeinsames Bewusstsein einzuleiten und aufrechtzuerhalten. Bei einer Entgleisung des Zusammenspiels zwischen Objekt und Subjekt kommt es zu dem, was als »Seelenblindheit« und im Extremfall als »Seelenmord« (Leonhard Shengold) bekannt ist und was die folgenreichste Quelle der Scham ist. Es ist bekannt, dass solche Störungen im Verlauf der kindlichen Entwicklung zu einer

Überbesetzung des idealisierten Selbstbildes und zu einer Entwertung des tatsächlichen Selbst führen können. Diese intrapsychische Kluft zwischen einem idealisierten Ich und einem entwerteten Ich korrespondiert mit der oben beschriebenen äußeren Kluft zwischen idealisierter Welt (das gelobte Land) und entwerteter Welt der Heimat – und beide potenzieren sich. Das Problem bei den idealisierten Vorstellungen ist jedoch, dass sie einen sehr hohen Anspruch und ein sehr hohes Ziel erzeugen, aber keinerlei Platz lassen für eigene Liebeswünsche und Bedürfnisse (vgl. Scheifele, 2008, S. 11).

Wie bereits erwähnt, ist das Phänomen der Scham häufig im Zusammenhang mit Migration zu beobachten, wenn Migranten prämigrativ Erlebnisse der Parentifizierung bzw. Verdinglichung erfahren und eine tiefe innere Kluft errichtet haben zwischen einem Ideal-Selbst und dem realen Selbst. Diese Spaltung zusammen mit den Verdinglichungserlebnissen (die fehlende primäre Mütterlichkeit) kann dann unbewusst transgenerationell an die Kinder weitergegeben werden. So mussten z.B. viele der Arbeitsmigranten unter dem drängenden Druck, Geld zu verdienen und Wohlstand aufzubauen (idealisiertes Selbst), ihre Kinder schon im frühen Säuglingsalter in die Heimatländer schicken (das entwertete Selbst). Das bedeutet, dass die Eltern, die selber aufgrund der wirtschaftlichen und politischen Situation ihres Heimatlandes nicht dort gehalten werden konnten, jetzt auch ihre Kinder nicht halten konnten. Diese Kinder sollten u.a. eine Brückenfunktion haben: Sie sollten die Brücke sein zwischen der Heimat und dem Gastland.

Als »Kofferkinder« werden jene Gastarbeiterkinder bezeichnet, die schon im Säuglingsalter immer wieder zu Großeltern oder Verwandten geschickt oder bei ihnen zurückgelassen wurden (vgl. Karatza-Meents, 2014). Der Koffer ist das Sinnbild für wortloses Weggehen, für Verlassenwerden, für Verlorenheit und Rastlosigkeit, die die Kinder bei diesem Hin- und Herpendeln selbst verspürten (vgl. Wilhelm, 2011). Eleni Delidimitriou-Tsakmaki (2001, S. 33), eine griechische Autorin und Arbeitsmigrantin der 1960er-Jahre, schreibt in ihrem Buch *Die Bäume, die nicht wurzelten*:

> »Die meisten Kinder, die in Deutschland geboren wurden, wurden direkt wie Pakete nach Griechenland geschickt zur Großmutter und zum Großvater. Das hat aber tiefe Wunden hinterlassen sowohl bei den Kindern als auch bei den Eltern, auch wenn sie nicht offen darüber sprechen wollen.«

Damit meint sie, dass diese Traumatisierungen (Wunden), weil sie so unerträglich waren, verschwiegen, tabuisiert und verleugnet werden mussten, ohne dass sie betrauert werden konnten. Die türkische Autorin Gülcin Wilhelm bestätigt dies in ihrem Buch *Generation Koffer, die zurückgelassenen Kinder* (2011, S. 61–63). Sie beschreibt dort die Situation von türkischen Arbeitsmigrantinnen, die ihre Kinder zu Verwandten in die Türkei hin- und herschickten. Die Autorin beschreibt die fehlende primäre Mütterlichkeit, indem sie von fehlender Mutter-Kind-Bindung spricht. Sie stellt fest, dass die Liebesfähigkeit der Mütter zu ihren Kindern sehr störanfällig sei.

Auch Emilio Modena (2003, S. 65–77) beschreibt sehr eindrucksvoll die biographischen Brüche und demzufolge die Leiden der zweiten Generation italienischer Einwanderer in der Schweiz, die durch ihren Wunsch, schnell Geld zu verdienen, ihre Kinder bei engen Verwandten in Italien zurückließen, ohne zu wissen, welche psychischen Folgen das für die Kinder haben könnte. Als es ihnen später wirtschaftlich besserging und möglicherweise ein weiteres Kind unterwegs war, holten sie diese Kinder zu sich in die Schweiz zurück. Sie stießen bei ihnen jedoch nicht auf Gegenliebe, da diese Kinder ihre Liebe auf Großmutter und Großvater verschoben und sich von ihren Eltern völlig entfremdet hatten. Modena zufolge wurde dann die fehlende Liebe mit elterlicher Autorität und Härte erzwungen, was oft zu Beziehungskatastrophen führte. Gülcin Wilhelm beschreibt das gleiche Phänomen und benennt die massive Enttäuschung der nach Deutschland zurückgeholten Kinder, die durch das abweisende Verhalten ihrer Mütter in den nächsten seelischen Konflikt gestürzt wurden (vgl. Gülcin, 2011, S. 61).

Hat hier nicht die primäre Mütterlichkeit völlig versagt?

Sowohl die griechische und die türkische Autorin als auch der italienische Autor beschreiben ein und dasselbe Phänomen, nämlich das Wegschicken der Kinder in einem sehr frühen Alter und dessen katastrophale Folgen.

Dazu ein kurzes Fallbeispiel

Patient A. wurde im Alter von neun Monaten zu einer Tante nach Griechenland gebracht und dort zurückgelassen. Die Tante war sehr warmherzig und gab ihm den psychischen Raum, den ihm seine leibliche Mutter nicht gegeben hatte. Sein erstes Wort »Mama« hatte er zu seiner Tante gesagt. Eigentlich wollte die Tante ihn adoptieren, da sie ihn gernhatte. Um dies zu verhindern, kam die Mutter und nahm ihn im Alter von drei Jahren wieder mit nach Deutschland. Der Patient erinnerte sich an folgende herzzerreißende und verwirrende Abschiedsszene: Als er sich von seiner Tante trennte, weil die leibliche Mutter mit ihm in den Zug einstieg, um nach Deutschland zu fahren, schrie er verzweifelt nach der Mama, denn er wollte zurück zu seiner Tante, die er noch für seine Mutter hielt, während seine leibliche Mutter für ihn eine »Fremde« war. Seine Verwirrung und sein Gefühl der Fremdheit übertrugen sich auf mich, denn ich glaubte am Anfang tatsächlich, dass man ihn dreijährig allein in den Zug gesetzt hatte, um ihn nach Deutschland zu schicken. Erst nach wiederholtem Fragen realisierte ich, dass er nicht allein im Zug war, sondern mit seiner eigenen Mutter, die er allerdings für eine Fremde hielt.

Welche Entwicklungsmöglichkeiten haben dann unter solchen Bedingungen die Kinder in der Gastgesellschaft? Hatten diese Kinder Möglichkeiten zur Entfaltung einer eigenen Identität? In der Literatur wird beschrieben, dass die Entwicklung eines Individuums innerhalb einer Gesellschaft von der Entfaltung seiner Identität im Kleinkindalter, während der Pubertät und Adoleszenz abhängig ist. Für eine stabile Identität ist einerseits die Erfahrung der inneren Kontinuität, andererseits das Gefühl der Selbstverwirklichung notwendig, denn indem sich das Individuum selbst verwirklicht, kann es den Anforderungen und den Erwartungen der Umwelt gegenüber Unabhängigkeit bewahren. Margarete und Alexander Mitscherlich (2016, S. 237) sehen für die Rolle des Individuums in der Gesellschaft zwei wichtige Aspekte: sich sowohl mit der Umwelt als auch mit sich selbst identisch zu fühlen.

Wenn aber die Eltern und insbesondere die Väter als Identifikationsobjekte nicht zur Verfügung stehen, können dann die Kinder in der Gastgesellschaft als eigenständige Individuen existieren? Oder resultieren dann für die jüngere Generation Identifikationsnöte, die eine Verselbständigung und Selbstverwirklichung kaum möglich machen? Eine Trennung von den Primärobjekten kann dann nur schwer oder gar nicht vollzogen werden. Es folgt die ausführliche Falldarstellung eines griechischen Patienten zweiter Generation, die dies meiner Meinung nach veranschaulicht.

Falldarstellung

Herr M. war ein 23 Jahre alter Student. Es handelte sich bei ihm um eine Borderlinestörung mit schwerer Identitätsproblematik. Er klagte über Ängste und Depersonalisationserscheinungen. Diese äußerten sich so, dass er immer wieder das Gefühl zu sich selbst verlor. Er hatte das Gefühl, seine Konturen zu verlieren, sich selbst fremd zu werden und abzuheben, sowohl psychisch als auch körperlich den Boden unter den Füßen zu verlieren. Diese Symptome waren mit massiven Ängsten verbunden. Er fand sich in Beziehungen nicht zurecht, lebte deswegen sehr zurückgezogen, fast wie ein Einsiedler in seiner Wohnung. Das begonnene Studium hatte er ziemlich bald abgebrochen, weil er es in der Universität überhaupt nicht aushielt.

Herr M. ist als Kind griechischer Eltern in Deutschland geboren, bei ihnen aufgewachsen, ist nicht weggeschickt worden. Die Eltern stammen aus einem kleinen Dorf in einer kargen, bergigen Landschaft im Süden von Griechenland. Vater und Mutter waren noch sehr jung, als sie nach Deutschland emigrierten. Sowohl Vater als auch Mutter stammen aus sehr ärmlichen Verhältnissen. Herr M. ist das vierte Kind. Der Vater hat die Schule nur ein paar Jahre besucht. Schon sehr früh musste er Geld verdienen. Er wird als brutal beschrieben, als ein Tyrann. Er war der Feind in der Familie. Er habe die Mutter oft blutig geschlagen. Die Schläge des Vaters wurden als vernichtend erlebt. Herr M.: »Es ging um Leben und Tod.« Vor anderen Griechen habe sich der Vater aufgeplustert und die Anderen mundtot gemacht, alles immer besser gewusst. Die Mutter war immer sehr verängstigt und überbesorgt. Ihr Vater war Alkoholiker gewesen und hat seine Frau auch geschlagen. Die Mutter von Herrn M. hat sich oft von den Nachbarn verfolgt gefühlt. Sie habe immer gesagt, man solle sich vor dem »bösen Blick«, dem Neid der anderen Griechen in Acht nehmen. Der Vater spricht Deutsch, die Mutter kaum.

Der Patient wurde nicht gestillt, er beschreibt die Beziehung zur Mutter so: »Ich war ihr Prinz, ich bin aus der Umarmung nie rausgekommen.« Er hat bis zum sechsten Lebensjahr mit der Mutter in einem Bett geschlafen, danach hatte er zwar ein eigenes Bett, schlief aber bis zum zehnten Lebensjahr mit der Mutter in einem Zimmer, während der Vater im Wohnzimmer auf der Couch übernachtete. Spätere Wünsche des Patienten nach einem eigenen Zimmer wurden vom Vater abgeschmettert.

Der Besuch des Kindergartens im Alter von fünf Jahren scheiterte nach einem halben Jahr. Er musste zur Mutter zurückkehren, da er nur ängstlich in der Ecke gestanden und geweint hatte. Ich vermute, dass Herr M. diesen ersten Ablösungsschritt wie eine erste Migration erlebt hat, da er damals kein Deutsch sprach. Erst in der Grundschule hat er die deutsche Sprache gelernt. Das erste Schuljahr, welches von vielen griechischen Kindern besucht wurde, musste er wiederholen. Dies erlebte er wie einen Absturz. Auf dem Nachhauseweg habe die Nase stark geblutet, er habe solche Angst vor dem Vater gehabt. Im nächsten Schuljahr kam er in eine deutsche Schulklasse, da wurde er Klassenbester.

Die Pubertät entwickelte sich dramatisch. Im Gymnasium empfand er sich als Einzelgänger. In seiner Clique war er angenommen und akzeptiert, obwohl er immer Angst hatte, sich selbst zu verlieren und unterzugehen. Er schloss sich seinen deutschen Schulkameraden an und versuchte, in der deutschen Clique Fuß zu fassen und sich zu integrieren. Dem Vater war das aber nicht recht, weil er die griechische Herkunft zu bewahren und mit Macht durchzusetzen versuchte. So wurde der Vater zum verfolgenden Objekt, was die Kluft zu den Eltern noch vergrößerte. Herr M. beschreibt sein Zuhause in dieser Zeit: »Ich bin vor dem Terror geflüchtet.« Ab dem 15./16. Lebensjahr hat er Entfremdungsideen und Zwangsgedanken, weswegen er einen Psychiater aufsuchte, der ihm Neuroleptika verabreichte, da angeblich eine »leichte Psychose« festgestellt wurde.

Verlauf der Behandlung

In der analytischen Therapie erlebte er mich anfangs als karg und steril, wie eine nichts hergebende Brust, so wie er die Mutter erlebt hatte. Seine Not, die von einer Kargheit an Assoziationen begleitet war, zeigte sich in unterschwellig aggressiven Klagen. Die Gespräche in den Sitzungen wurden abstrakt, abgehoben und kopflastig, da er die Affekte abwehrte. Zwischen den Sitzungen las er viele psychologische Bücher und beschäftigte sich ausgiebig mit Freud'scher Theorie, z.B. mit dem, was Freud über das Assoziieren geschrieben hatte. Er habe selber aber keine Assoziationen. Ihm würde immer wieder dasselbe einfallen, nämlich der Wunsch: »Hilf mir.« Ich hatte in dieser Zeit auch keinerlei Assoziationen, konnte keine Phantasien und Bilder entwickeln. Stattdessen fing in einer solchen Sitzung plötzlich mein Magen laut zu knurren an. Herr M. befand sich in einer präsymbolischen Phase und dieser Zustand löste in mir eine psychosomatische Gegenübertragung aus – lautes Magenknurren. Projektiv identifiziert mit ihm kam es mir vor, als säßen wir eingeschlossen in einem Bunker oder einer Isolierzelle, abgeschnitten von der Umwelt. Ich vermutete, dass der Bunker so etwas wie das Selbst der Mutter war, in dem das Selbst des Patienten gefangen war, wie verschlungen. Er selber hatte das Gefühl zu verschwinden, ein Nichts und Niemand zu sein. In der zwölften Sitzung konnte ich das Karge und Sterile der Sitzungen ansprechen und es mit der kargen, armen Landschaft vergleichen, aus der seine Eltern kommen, die nichts hergibt und aus der man auswandern muss, um zu existieren. Das erlebte er als Angriff, und die ganze Wut brach aus ihm heraus, dass er von der Analyse sehr enttäuscht und entmutigt sei, dass er stagniere, dass er mich so karg, steril und ohne Temperament erlebe. Dieser Wutausbruch half ihm, aus seinem Bunker herauszukommen. Er fühlte sich jetzt mehr als Person, hatte wieder das Gefühl von einem Selbst bekommen, spürte Lebensfreude und entwickelte Ideen und Pläne, wieder zur Universität zu gehen.

Die ersten Schritte

An der Universität spaltete Herr M. die Menschen auf: in die Überlegenen, zu denen er aufschaute und die er wie Idole bewunderte, und in all die anderen, die ihm wertlos erschienen, wobei er sich zu den Letzteren zählte. In der Gegenwart mancher Dozenten fühlte er sich in seinem Selbst nicht nur bedroht, sondern vernichtet. Deswegen konnte er keine Seminare belegen. Er hatte viele Ideen und Pläne, die er jedoch nicht verwirklichen konnte, weil er sich wie ein kleiner, hilfloser Junge bzw. wie ein Niemand fühlte. Er fragte sich, wer er überhaupt sei. Er erinnerte sich an unzählige Situationen, als er acht- oder neunjährig in der Wohnung bei der Mutter saß und draußen die anderen Kinder spielen sah und sich so sehr eine väterliche Hand wünschte, die ihn hinausgeführt hätte. Stattdessen sagte ihm die Mutter: »Bleib hier, ich mache Dir auch das Bett fertig.« Er vermittelte mir das Gefühl, als lägen zwischen dem Drinnen der Wohnung und dem Draußen der spielenden Kinder Welten – wie zwischen Griechenland und Deutschland.

Nach der Therapiepause während der Osterferien äußerte er Fragmentierungsängste und sprach von »zwei Platten«. Er meinte zwei Teile in ihm, die auseinanderzudriften drohten. In der Therapiepause habe er sich wie ein Baby gefühlt, das auf die Erwachsene zugegangen sei. Er habe aber keine Reaktion bekommen und alles mit sich selber ausmachen müssen. Er vermittelte mir eine Vorstellung davon, wie er sich als Kind möglicherweise auf Mutter und Vater zubewegt, sie aber wie eine Wand erlebt hatte, weil von ihnen keine empathische, einfühlende Reaktion kam. Erst nachdem er wieder seine ganze Wut bei mir abladen konnte und sich angenommen fühlte, hatte er das Gefühl, sich wieder in Griff zu haben. Als nach den Osterferien das Sommersemester wieder losging, erlebte er dies als sehr befreiend. Er lernte Kommilitonen kennen und wurde auf Partys eingeladen. Er beteiligte sich an Fachschaftsversammlungen gegen die Erhöhung von Studiengebühren – ging aber nicht zur Demonstration mit. Stattdessen entwickelte er Kopfschmerzen, äußerte hypochondrische Ängste, einen Hirntumor zu haben, und Todesphantasien. Das deckte eine verdrängte Erinnerung auf: Der gleichnamige Cousin, der das Dorf des Vaters 19-jährig verlassen hatte, um in einer Großstadt zu arbeiten, war dort nach Angaben der Eltern auf die »falsche Bahn« geraten und im Alter von 21 Jahren bei einem Autounfall tödlich verunglückt. Als Herr M. 14-jährig das Grab des verstorbenen Cousins besuchte, las er mit Schrecken seinen eigenen Namen auf dem Grabstein.

Ich vermute, dass dieses Erlebnis jetzt seine Befürchtung verstärkte, den Spagat Deutschland–Heimatland nicht zu überleben – wenn es doch nicht einmal dem Cousin gelungen war, den viel kleineren Spagat vom Dorf in die Großstadt zu überleben. Nach meiner Einschätzung hat dieses Ereignis den ohnehin sehr konfliktträchtigen Prozess der Ablösung von den Eltern zusätzlich erschwert, denn er erlebte damals womöglich seine Wünsche, mit der deutschen Clique zu gehen, als »falsche Bahn«, die ins Verderben und zum Tod führt. Ähnlich fürchtete er auch jetzt einen Hirntumor, denn die Demonstration war für ihn wie die »falsche Bahn«, auf die er zu geraten drohte. Mir wurde die Ausweglosigkeit der Situation deutlich, in der er sich jetzt und auch damals als Pubertierender befand, und sein Loyalitätskonflikt gegenüber den sehr rigiden Eltern. Das Unüberbrückbare dieses Konflikts löste in ihm Todesängste aus.

Nachdem wir diese Zusammenhänge besser verstehen konnten, machte er rasante Schritte. Er besuchte weitere Seminare an der Universität, suchte sich eine Praktikumsstelle und begann dort zu arbeiten. Diese positive Entwicklung war aber von kurzer Dauer, er sprach bald von einer Sinnkrise: »Die Uni und das Praktikum sind für mich wie eine neue Welt«, während die Eltern zu der alten Welt gehörten. Und dann: »Diese zwei Welten sind überall, ich stehe immer zwischen zwei Welten – ich habe kein Zuhause, ich bin entwurzelt.« Und etwas später: »Ich hatte ein Zuhause, aber das konnte ich nicht vereinbaren mit der anderen Welt, ich habe ein Entweder-Oder gemacht. Mein Zuhause war ein Tabu, weil ich mich so geschämt habe.« In den Sitzungen zeigte er über Träume – zum Beispiel mit mir gemeinsam in einem Bett zu liegen – das Ausmaß seiner symbiotischen Verschmelzungswünsche. In seinem Bemühen, zu der Universität – der anderen Welt – Kontakt aufzunehmen, verwickelte er sich in Machtkämpfe u. a. mit einer Dozentin, die er streng und ablehnend erlebte. Ich dachte, dass er an der Universität für mich als einfühlende Mutter kämpfte.

In der darauffolgenden Sitzung berichtete er, dass er früher wie ein siamesischer Zwilling mit seiner Mutter verbunden gewesen sei. Das Verlassen des Kinderbetts und der siamesischen Bindung zeigte sich in nun aufkommenden sexuellen Träumen. Er träumte *von nackten Frauen und von Fellatio. Er habe eine Erektion gehabt und dabei die Angst, verschlungen zu werden, bis er in dem Raum mit der nackten Frau einen Mann entdeckt und dessen Penis gesehen habe; da habe er gedacht: »Ich bin auch ein Mann.«*

Einige Stunden später teilte mir Herr M. mit, dass er das Seminar und überhaupt die Universität schon seit einigen Wochen nicht mehr besuche und dass er ganz aufhören wolle: »Die Uni ist eine Scheinheimat. Ich habe mich entweder überfordert oder fehl am Platz gefühlt.« In seinem Bemühen, die zwei Welten zu integrieren, nahm er im darauffolgenden Sommersemester einen neuen Anlauf, das Studium fortzusetzen, und meldete sich zu einem Seminar an. Er nahm sich vor, in den Semesterferien eine Hausarbeit zu schreiben. Mit dem Beginn des Schreibens der Hausarbeit am Ende der Sommerpause, fünf Tage vor Wiederbeginn der Therapie, kam es zu einer dramatischen Verschlechterung, obwohl es ihm in den Sommerferien sehr gut gegangen war. Er überlegte ernsthaft, seine Hausarbeit hinzuschmeißen. Ich gab ihm zu verstehen, dass wir, wenn er jede Entwicklung zerstöre, uns dann Gedanken machen sollten über den Sinn der Therapie. Das empfand er als einen »hilfreichen Arschtritt«. Er sagte, dass er diese Haltung von zu Hause her nicht kenne. Die Eltern hätten immer gesagt: »Mach es nicht, bleib hier, lass es!« Er schrieb die Hausarbeit zu Ende, gab sie rechtzeitig ab und erfuhr später, dass er die Note 1 bekommen hatte.

Die Entfremdungsgedanken wurden aber inzwischen unerträglich, die beiden Seiten seines Selbst (die zwei Platten) drohten wieder auseinanderzugeraten. Er erinnerte sich an ein Bild aus seiner Kindheit: »Ich stehe vor einem Süßwarenladen und drücke meine Nase ans Schaufenster und sehe die Kinder, die drinnen Süßigkeiten essen – ich kann aber nicht rein.« Er hatte jetzt das Gefühl, abzuheben, sich selbst fremd, wie in einer Traumwelt zu sein. Neu kam hinzu, dass er nachts nicht schlafen konnte, er hatte jetzt Angst, verrückt zu werden. Er meldete sich aus der Analyse ab und fuhr für zwei Wochen nach Hause zu den Eltern. Ich dachte an eine negative therapeutische Reaktion und dass er mich nicht bzw. nur partiell verinnerlichen konnte, um den Schritt in die Universität, den »Süßwarenladen«, für sich zu ermöglichen, weil sein Neid zu groß war. Auf der anderen Seite dachte ich, dass die Kluft zwischen den beiden Welten viel zu groß war und dass er die Eltern aufsuchen wollte aus dem Schuldgefühl heraus, sie verlassen zu haben. Zurückgekommen, meinte er, dass er durch die Therapie viel Fremdes aufgenommen habe. Dann:

»Entwicklung und Fortschritt ist wie etwas Fremdes, was Fremdheit und Entfremdungszustände verursacht.«

Er beginnt, einen »Raum« in sich zu entwickeln

Allmählich wurde ihm seine Ambivalenz deutlich zwischen dem Wunsch, Raum für sich in Anspruch zu nehmen, um Schritte machen zu können, und der Angst, schuldig zu werden und seine Wurzeln zu verraten und zu verlieren: »Ich wünsche mir so sehr einen eigenen Raum, aber das Andere sind meine Wurzeln.« Nach den Weihnachtsferien schimpfte er über die »Symbiose« zu Hause, die er diesmal unerträglich fand:

> »Ich habe mich zum ersten Mal nicht reinziehen lassen in dieses ›Wir-Gefühl‹, und ich habe mich nicht wie der kleine Junge gefühlt, sondern wie ein eigenständiger Mensch – es war so befreiend, ich fühlte mich wie erleuchtet, aber ich habe mich auch so fremd gefühlt.«

Im Rahmen einer Progression war es ihm gelungen, zu Hause die Regression zu überwinden. Solche Progressionsschritte kamen inzwischen immer wieder vor, wurden aber auch von dramatischen Krisen unterbrochen. Seine negative therapeutische Reaktion war für mich das größte Problem, weil damit auch unsere Arbeit zerstört zu werden drohte und weil ich viel Wut aushalten musste und viel Angst, dass er sich etwas antun könnte. In dieser Phase fiel mir oft das Lied der griechischen Flüchtlinge aus Kleinasien ein, die klagten: »Was nützen uns Deine antiken Kleider, Mutter Griechenland, wenn es uns so elend geht.« Als wäre auch die psychoanalytische Therapie ein überflüssiges antikes Kleid, das ihm nichts nutzt.

Die letzte Krise erfolgte zu Ostern, als die Beendigung der Kassenfinanzierung anstand. Er war für acht Wochen nach Hause gefahren. Diese Heimreisen waren für ihn sehr wichtig geworden, als wollte er, im Sinne einer Wiedergutmachung, zusammen mit den Eltern in seine vergessene Geschichte zurückkehren, um sie zu rekonstruieren. Auch das Bild von seinem Vater hatte sich inzwischen verändert. Er fand den Vater weicher, besorgt um ihn. Er verstand nicht mehr, wie er so ein negatives Bild von ihm hatte haben können. In einer Sitzung sagte er sogar: »Wenn ich jetzt in meinem Alter eine Familie mit drei Kindern hätte, würde ich auch ausrasten.« Trotzdem entwickelte er während dieses Aufenthaltes bei den Eltern eine quälende nächtliche Schlaflosigkeit mit psychotischen Ängsten vor Desintegration. Er hatte die Phantasie, die Synapsen in seinem Gehirn seien abgekoppelt. Ich hatte den Eindruck, dass ihm während dieser Pause der Anschluss an die ersehnte neue Welt verlorengegangen war. Dazu kam die bevorstehende Beendigung der Kassenfinanzierung, die eine Reduktion der Stundenfrequenz zur Folge hatte, was ihm viel Angst bereitete. Herr M. wollte zwar die Selbstzahlung übernehmen, konnte aber nur eine Sitzung pro Woche finanzieren.

Herr M. weist viele Merkmale einer negativen therapeutischen Reaktion auf, weswegen ich zu der Meinung gelangt bin, dass es sich hier um eine spezifische Form der negativen therapeutischen Reaktion handelt: Herr M. wurde von der Mutter parentifiziert und durfte sich nicht entwickeln. Da die Errichtung eines potenziellen Raums misslungen war, kam es zu einem Bruch in der Kontinuität der Mutter-Kind-Beziehung. Dadurch konnte keine ausreichende Objektkonstanz entstehen, was zum Individuationskonflikt führte; dies kann eine negative therapeutische Reaktion auslösen. Mit der Aufhebung des »Status quo« infolge der Analyse und der Besserung seines Befindens befürchtet er, die internalisierten Objekte verloren und verraten zu haben und demzufolge eine Katastrophe. Dieses Gefühl von Verrat wird durch die Migration noch verstärkt.

Dadurch wird, meiner Meinung nach, die Komplexität der Problematik deutlich, die wie eine ausweglose und unlösbare Situation erscheint: Auf den intrapsychischen Konflikt zwischen dem Ich und den verinnerlichten Objekten und Normen pfropft sich das äußere Problem der Migration. Herr M. soll die Migration überwinden und die divergenten Welten vereinigen; das ist aber sowohl innerpsychisch als migrationsbedingt mit Gefühlen des Verrats an den Eltern verbunden. Ein weiterer Verrat entsteht durch den von den Eltern erwünschten und gleichzeitig verhinderten sozialen Aufstieg des Sohnes. Deswegen konnte sich Herr M. nicht entwickeln; jeder neue Entwicklungsschritt wurde wie eine erneute Migration und wie ein mehrfacher Verrat erlebt, und er geriet in einen katastrophenähnlichen Schockzustand. Der dadurch erzwungene Rückschritt macht, meiner Meinung nach, die spezifische Form der negativen therapeutischen Reaktion aus.

Idealisiertes Selbst/entwertetes Selbst

Ein Leben in Armut bedeutet, dass es keinerlei Perspektive gibt, an Reichtum und an gesellschaftlichen Gütern teilzuhaben. Der Patient Herr M. beklagte, dass er in den »Süßwarenladen« nicht hineinkomme. Dieser stand für die idealisierte Welt und er selbst blieb in der diskriminierten, entwerteten Welt der Eltern hängen, weil er Angst hatte vor dem Neuen und vor dem Verrat an den Eltern. Es war ein Ringen um die Aufhebung der Spaltung zwischen der idealisierten Gastland-Welt und der diskriminierten armen Heimat, die mit viel Scham verbunden war. Ein Makel? Armut lässt Schamängste gigantisch wachsen (vgl. Hopf, 2017, S. 63).

Mir ist dieses Phänomen vertraut, denn mein Vater kam aus sehr armen Verhältnissen, er wuchs als Kind ohne Vater in einem kleinen

Dorf in den hohen Bergen Nordwestgriechenlands auf. Sein Vater – mein Großvater – war lange Jahre Gastarbeiter in Rumänien gewesen. Durch ein Stipendium einer Stiftung wohlhabender Auslandsgriechen aus der Region durfte mein Vater dann im Alter von zwölf Jahren das heimatliche Dorf verlassen und das Gymnasium in einem Internat in Athen besuchen (auch eine Migration). Von da aus konnte er dann an der Universität in Athen Theologie studieren. Nach dem Bürgerkrieg bekam er eine Anstellung im Sozialamt und wurde später Leiter des Sozialamtes in der Stadt, in der wir lebten. Er, ein in seinem Dorf diskriminierter Junge, hatte den Willen und das Glück, durch Bildung einen sozialen Aufstieg zu erreichen. Der Kontakt zu den »diskriminierten Schichten« der Bevölkerung und vielleicht auch seinem »diskriminierten Selbst« blieb durch seine Tätigkeit bestehen. Ich kann mir vorstellen, dass dieses Thema des diskriminierten Jungen für meinen Vater mit viel Scham besetzt war, denn darüber wurde in der Familie nie gesprochen, das war ein Tabu. Mit diesen abgespaltenen diskriminierten Anteilen war ich identifiziert und emigrierte in der Hoffnung auf den idealisierten und ersehnten Sonntag (wie in dem Lied: *Es wird auch für uns ein Sonntag kommen*).

Man kann es auch so verstehen, dass damals und auch heute der »ersehnte Sonntag« das Streben sowohl nach Emanzipation als auch nach Integration ist, nach Aufhebung der Spaltung zwischen idealisierten und entwerteten Selbstanteilen. Dieser Spagat zwischen dem idealisierten Gastland und dem entwerteten Heimatland ist als die Externalisierung der inneren Spaltung zwischen dem idealisierten und dem entwerteten Selbst zu verstehen.

Festzuhalten ist, dass, wenn Erfahrungen im frühen Kindesalter zur Verfestigung der frühen Scham und der dazugehörenden Spaltung führen, dies als die innere Ursache anzusehen ist dafür, dass man empfänglich ist für Idealisierungen und für die Verheißung, in das »gelobte Land« zu kommen.

Die Arbeitsmigranten wollten eine bessere Zukunft für sich und für ihre Kinder. Da ihnen dies in ihrer Heimat nicht möglich war, suchten sie die bessere Zukunft in dem »gelobten Land« Deutschland in der Hoffnung, der Diskriminierung und Benachteiligung im eigenen Land zu entkommen. Umso größer war dann die Enttäuschung, als sie realisierten, dass es auch im Gastland diese gesellschaftliche Diskriminierung und Benachteiligung gab. Sie kamen sozusagen vom Regen in die Traufe. Der Anspruch, schnell Geld zu verdienen, um in der Heimat eine bessere Existenz aufbauen zu können, rückte immer weiter in eine ferne Zukunft, wurde aber nicht aufgegeben. Zugleich war der Anspruch da, sich in der neuen, idealisierten Welt mit all ihren Erwartungen und Anforderungen anzupassen und gut anzukommen. Das war nur durch Selbstaufgabe bis hin zur Unterwerfung möglich, so wie man sich vielleicht früher den elterlichen Anforderungen unterworfen hatte. Eine Integration von idealisierten und entwerteten Selbstanteilen war dadurch nicht möglich.

Die real empfundene Funktionalisierung und Diskriminierung im Gastland dokumentiert Delidimitriou-Taskmaki, wenn sie schreibt: »Man wollte uns in Deutschland nur als Arbeiter sehen, die die Arbeit zu leisten hatten. Als Individuen hatten wir keinen Wert. Ebenso sahen uns unsere Heimatländer nur als Devisen-Überbringer.« (2001, S. 302–313) Viele meiner Patienten, Migranten erster Generation, definierten sich dann auch durch ihre Arbeit. Ihre Identität und ihr Selbstwert hingen von der geforderten Produktivität ab, da sie nur auf diesem Weg die ersehnte Anerkennung erhielten. Sie blieben jedoch als Individuen unsichtbar, nicht wahrgenommen und ohne Wert, so wie die türkische Künstlerin Nil Yalter dieses Phänomen in ihren Bildern dokumentiert.

Dieser Tatbestand hatte zu Folge, dass die eigenen Grenzen, die Affekte und die eigenen Wünsche – das Selbst – nicht wahrgenommen wurden, stattdessen wurden sie diesem alles überragenden Ziel der Anpassung und Fremdbestimmung untergeordnet – bis sie krank wurden (vgl. Saller, 2003, S. 253).

Christian Giordano (1992) beschreibt diese Situation sehr treffend, wenn er sagt:

> »Diese idealisierte Vorstellung, in der Fremde Geld verdienen zu können, um sich dann – irgendwann in ferner Zukunft – zu Hause als ›gemachte Leute‹ niederzulassen, setzte die Prioritäten in vielen Migrantenfamilien.«

Auch Emanuela Leyer (zit. in: Saller, 2003, S. 252) beschreibt sehr genau diese Kluft zwischen idealisierten Anforderungen und realen körperlichen Fähigkeiten. Sie stellte bei türkischen Migrantinnen fest, dass deren Migration durch den Wunsch motiviert war, sich aus sehr engen familiären Strukturen und Abhängigkeiten – auch wirtschaftlicher Natur – zu befreien. Sie schreibt:

> »Indem sie sich selbst überforderten und ausbeuteten, hatten diese Menschen versucht, sich an ihr grandioses, idealisiertes Bild des eigenen Selbst anzupassen. Der Preis für diese Anpassung war die Überforderung der körperlichen Kräfte, die oft zu psychosomatischen Krankheiten führte.«

Meines Erachtens geht das sogar noch weiter, denn der Preis für diese Anpassung war neben der eigenen zusätzlich die Überforderung und die Traumatisierung der Kinder. Die Kinder waren oft die Leidtragenden dieser Situation, in der die Eltern sich ganz aufs Geldverdienen konzentrierten, während die Kinder beliebig zwischen hier und dort verschoben wurden. Das ist die Verdinglichung des Subjekts nach Léon Wurmser, die transgenerationell als

Traumatisierung weitergegeben wurde – nämlich die Erfahrung, dass eigene Wünsche und Bedürfnisse keine Rolle spielen und ignoriert werden zugunsten von fremdbestimmten und idealisierten, materiellen Notwendigkeiten, denen man sich unterzuordnen hatte.

Unfähig zu trauern oder ohne psychischen Raum für Trauer?

Die Auswanderung der Arbeitsmigranten war ursprünglich – dem Anwerbeabkommen folgend – nur für die begrenzte Zeit von ein bis zwei Jahren angelegt. Das Erlernen der Sprache und eine Integration waren im Gastland nicht wirklich vorgesehen, denn ein Daueraufenthalt war zunächst nicht erwünscht und von beiden Seiten nicht geplant. Viele Migranten hatten keinen Schulabschluss, einige hatten eine geringe oder gar keine Schulbildung, sie mussten aber den hohen westeuropäischen Anforderungen entsprechen. Die Beschämung über die eigene Unzulänglichkeit verstärkte die Idealisierung des Gastlandes und man versuchte dem nahezukommen, indem man noch mehr leistete und noch mehr eigene Kräfte mobilisierte, bis man krank wurde. Aber Trauer wurde nicht zugelassen. Verhindert die Spaltung nicht die Trauer? Der später von mir vorgestellte Patient Herr X. sagte: »Wenn ich die Trauer zulasse, habe ich Angst, dass ich mich auflöse, dann kann ich nicht mehr funktionieren.« Je größer die Kluft ist, umso größer natürlich der Spagat, sie zu überwinden.

Bei mir war es auf gewisse Weise ähnlich: Mein Wunsch und der Druck, den ich spürte, in dem neuen, idealisierten Land – in Deutschland – schnell und gut anzukommen, führten dazu, dass ich sehr schnell und mit viel Schwung die deutsche Sprache und »das Deutsche« aufgenommen habe; unbemerkt hatte ich aber gleichzeitig die griechische Sprache und »das Griechische« völlig vernachlässigt bzw. verlassen, wenn nicht gar verraten. Ich meine, dass es auch mit Entwertung zu tun hat. Folge davon waren die depressiven Verstimmungen und der Verlust meiner Muttersprache. Sehr schmerzlich stelle ich noch heute meine Defizite in der griechischen Sprache fest.

Da die Arbeitsmigranten unter einem enormen Druck standen, in kurzer Zeit viel zu erreichen, konnten eine Verarbeitung der Verluste und Trauer nicht stattfinden. Deswegen mussten all die schmerzlichen Gefühle von Verlust der Heimat, dem späteren Verlust der Kinder und den damit zusammenhängenden Gefühlen von Unzulänglichkeit, von Schuld und Scham verleugnet werden. Dies war möglich mit Hilfe einer beispielhaften Tüchtigkeit unter dem berechtigten Anspruch des Geldverdienens. Julia Kristeva beschreibt »den Fremden« folgendermaßen:

> »Unter dem Panzer des Aktivisten oder des unermüdlichen ›Arbeitsmigranten‹ ist der Fremde eine Mimose. Er blutet an Körper und Seele, gedemütigt durch eine Situation, in der er den Platz des Mädchens für alles einnimmt.« (1990, S. 16)

Die Unfähigkeit zu trauern und das extreme Auseinanderklaffen der Kulturen schildert der griechisch-schwedische Autor Aris Fioretos in seinem Roman *Der letzte Grieche* (2009). Das Buch handelt von einem griechischen Arbeitsmigranten, der nach Schweden auswandert und dort in einer griechischen Arztfamilie das »Mädchen für alles« ist. In dieser Rolle geht es ihm zuerst sehr gut. Letztendlich gelingen ihm jedoch die Verarbeitung und auch die Integration nicht. Er ist durch die Traumatisierungen der Eltern, die Vertriebene aus Kleinasien waren, so belastet, dass er kein inneres Fundament und keine ausreichenden Ressourcen hat, um die Beziehungsverluste und die Enttäuschungen im Gastland zu verarbeiten und zu betrauern. Das endet letztendlich in einer Tragödie.

Verdrängung, Verleugnung und das Einfrieren der Affekte

Die Lebensbewältigung stellt für einen Migranten eine massive Herausforderung dar. Verdrängung und Verleugnung erscheinen in solchen Situationen zunächst einmal als Lösung, da die schmerzlichen Konflikte aus der Welt zu sein scheinen, was sie aber nicht sind. Es ist auch bekannt, dass da, wo Verleugnung und Verdrängung bei der Lösung von Konflikten eine Rolle spielen, auch Einschränkungen der Realitätswahrnehmung zu beobachten sind oder auch Vorurteile entstehen.

Wir kennen alle das Gefühl, innerlich eingemauert, versteinert, erstarrt zu sein. Mir ist dieses Phänomen sehr gut bekannt, denn wenn ich mich in einem Kreis befinde, in dem ich mich sehr eingeengt und fremd fühle, fällt es mir sehr schwer, das Anderssein der Anderen auszuhalten und zu integrieren, ohne in Vorurteile zu verfallen oder innerlich zu erstarren.

Der griechische Dichter Konstantinos Kavafis beschreibt diesen Vorgang des Eingemauert-Seins in seinem Gedicht *Die Mauern* aus *Brichst du auf gen Ithaka ...* (1996).

Die Mauern
Ohne Rücksicht, ohne Mitleid, ohne Scham
hat man starke, hohe Mauern rund um mich
errichtet.
Ich verharre, und hier schwindet nunmehr meine Hoffnung.
Ich bedenke nur das eine: Dies Geschick verzehrt mir den Verstand;
denn ich hatte draußen so viel zu vollbringen.
Oh, als man die Mauern aufgerichtet, warum gab ich keine Acht.
Doch ich hörte nie ein Lärmen, von den
Mauern keinen Laut.
Unmerklich hat man mir die Außenwelt
versperrt.

Die Mitscherlichs (2016 [1977], S. 24) beschreiben eine Ich-Entleerung, eine Abstumpfung und Erstarrung als charakteristische Folge der unbewussten Verleugnung von Gefühlen des Verlustes, der Schuld und der Scham. Erinnert das nicht an die Vorurteile mancher Migranten, an deren seelische Abschottung bzw. Erstarrung oder sogar an die Bildung von Parallelgesellschaften? Wobei natürlich die Vorurteile der Migranten auch durch Vorurteile der Einheimischen verstärkt und potenziert werden. Parallelgesellschaften können auch konstruktiv für emotionales Auftanken verwendet werden, um kreativ eine Integration in der Fremde zu ermöglichen bzw. zu erleichtern (wie für mich unsere griechische 6er-Gruppe während des Studiums). In diesem Fall sind allerdings die Parallelgesellschaften gemeint, die durch regressive Spaltungsvorgänge entstanden sind und die zu einer abgeschotteten Festung werden (vgl. Leszczynska-Koenen, 2019, S. 176), dem der feindliche, entwertete Fremde gegenübersteht.

Ein spanischer und ein griechischer Patient zweiter Generation schimpften immer wieder und klagten ihre Eltern an (Migranten erster Generation), dass diese, wie erstarrt, keine Gefühlsregungen zeigten und sich nicht über die Enkelkinder und deren Entwicklung freuten. Diese und auch andere Patienten vermittelten mir ein Gefühl, wie abgestumpft ihre Eltern waren und wie kränkend das für die inzwischen erwachsenen Kinder war, da sie sich wie so oft nicht gesehen, vielleicht sogar ignoriert fühlten.

Alexander und Margarete Mitscherlich sprechen von der manischen Abwehr, die durch das Ungeschehen-Machen im Wirtschaftswunder sehr erfolgreich war. Auch das erinnert an das emsige Geldverdienen der Arbeitsmigranten, dem sie selbst und ihre Kinder zum Opfer fielen.

Frau A., eine in Deutschland geborene griechische Patientin, berichtete, dass sie im Alter von drei Monaten zur Großmutter gebracht und mit anderthalb Jahren nach Deutschland zurückgeholt wurde, da die Mutter mit dem zweiten Kind schwanger war. Die Patientin konnte sich erinnern, dass sie sich bei der Ankunft in Deutschland nicht freute, da sie die Großmutter vermisste: »Ich habe viel geweint.« Die Mutter wurde ärgerlich und meinte, dass das Kind undankbar und böse sei, da es die Mutter traurig machte. Frau A.: »Ich wollte aber meine Mutter nicht traurig machen. Ich habe danach nie wieder geweint, war aber nicht mehr ich selbst.«

Die Trauer über den Verlust der Großmutter durfte nicht existieren, musste ungeschehen gemacht werden, da das die Mutter bedrohte und sie keine gemeinsame Sprache dazu entwickelt hatten. Die türkische Autorin Gülcin Wilhelm (2011, S. 61) bestätigt diese Verleugnung und das Nicht-betrauern-Können der Verluste bei den Müttern. Nach Interviews mit Migrantinnen zweiter Generation, die in ihrer Kindheit viele dieser Pendelerfahrungen gemacht hatten, hält sie fest:

> »Die Frage danach, ob ihre Mütter nach der Familienzusammenführung in irgendeiner Weise Reue zeigten und sich um Wiedergutmachung bemühten, beantworteten fast alle Gesprächspartnerinnen mit nein.«

Léon Wurmser (2013 [1990], S. 352) gibt eine Erklärung für dieses Erstarren durch Verleugnung der Affekte. Er beschreibt Verlusterfahrungen durch Trennungen oder schwere Zurückweisungen, die eine Herabwürdigung der Selbstachtung auslösen und das Gefühl erzeugen, defekt, wertlos, kastriert zu sein. Solche Verluste ziehen immer das Gefühl mit sich, die Kontrolle und Bemeisterung über die innere und äußere Realität zu verlieren. Durch Spaltung der Affekte und Verleugnung kommt man zur Wiedergewinnung der Kontrolle, das Selbst wird aber als tot und fern erlebt. In so einem Zustand ist man identifiziert mit dem verlorenen, abwesenden Objekt. Das Trauern ist jedoch außer Kraft gesetzt.

Folge solcher Traumatisierungen bei den Eltern könnte das Verharren in einer seelischen Starre und Abstumpfung sein. Es ist ein Rückzug in einen Zustand des emotionalen Eingemauertseins und der inneren Petrifizierung. Damit ist die Verleugnung der Verlusterfahrung verbunden, um sich vor heftigen, überflutenden Affekten zu schützen. Diese Affekte existieren dann zwar in der Tiefe, sind aber eingemauert, eingefroren. Sie melden sich möglicherweise mittels körperlicher Beschwerden und werden unverarbeitet an die nächste Generation weitergegeben. In einem solchen Zustand sind die Eltern nicht in der Lage, für ihre Kinder als einfühlsame Bezugspersonen verfügbar und erreichbar zu sein. Die primäre Mütterlichkeit und die damit verbundene Schutz- und Haltefunktion sind aufgehoben.

Eine an Leukämie erkrankte Patientin, Tochter von Arbeitsmigranten erster Generation, die in ihrer Kindheit immer wieder bei den Großeltern im Heimatland zurückgelassen worden war, bezeichnete das maschinenhafte Funktionieren ihrer Eltern folgendermaßen: »Meine Eltern kannten keine Emotionen, die konnten nur funktionieren, konnten nur arbeiten, die waren wie Stühle, wie Tische.«

Diesen Zustand der seelischen und emotionalen Erstarrung und Abwesenheit der Mutter beschreibt sehr eindrucksvoll Hayuta Gurevich (2012, S. 1077f.). Sie sieht als das eigentliche psychische Trauma die Abwesenheit eines hinreichend guten Objekts, was auch das Nicht-Anerkennen dieser Abwesenheit durch den Erwachsenen einschließt. Das Kind nimmt automatisch diesen Sachverhalt als selbstverständlich an, ohne die Möglichkeit zu haben, zu protestieren oder Einspruch zu erheben. Nach Gurevich ist Dissoziation eine Situation der Abwesenheit in der Abwesenheit. Sie bildet ein Negativbild der externen Abwesenheit, das im Selbst die Form eines unerträglichen Schmerzes annimmt, der nicht als solcher empfunden wird, aber in verschiedenster Form existiert.

Ein ähnliches Phänomen beschreibt auch Marianne Leuzinger-Bohleber bei Flüchtlingskindern, die in Filmen zu sehen sind, wenn sie stundenlang still und stumm hinter ihren Eltern hermarschieren, ohne zu weinen und ohne zu protestieren. Leuzinger-Bohleber zufolge tragen diese Kinder die »Grundwahrheit« in sich, nämlich dass sie von den Primärpersonen nicht geschützt und nicht gehalten werden. Sie flüchten deswegen in einen dissoziativen Zustand, da sie es für angebracht halten, ihre Gefühle wegzustecken und sich so selbst zu beruhigen. Forschungsuntersuchungen, die sowohl bei Child Survivors als auch bei deutschen Kriegskindern durchgeführt wurden, zeigten, dass diese Kinder später als Eltern eine Unfähigkeit aufweisen, Panik, Angst und Verzweiflung ihrer Kinder wahrzunehmen, auszuhalten und zu containen (vgl. Leuzinger-Bohleber et al., 2016, S. 957). Auch hier geht es um die transgenerationale Weitergabe der traumatischen Erfahrung der mütterlichen Abwesenheit.

Ich beleuchte hierzu einen Abschnitt aus der Behandlung von Herrn X., einem 45-jährigen Mann, Migrant zweiter Generation, um die oben erwähnten traumatisierenden Aspekte der Verlusterfahrungen zu illustrieren.

Falldarstellung

Herr X., 45 Jahre alt, verheiratet und Vater einer zehn Monate alten Tochter, kam zur Behandlung wegen Todesängsten. Er habe Angst zu sterben, Angst vor Herzinfarkt oder was ihm sonst Schlimmes zustoßen könnte. Er habe das Vertrauen in seinen Körper verloren, sein seelisches Gleichgewicht sei erschüttert. Er habe die Vorstellung, dass er den Tod immer in sich getragen habe und immer noch trage. Diese Ängste übertrage er auch auf seine Tochter, die er überbehüte und kontrolliere, aus Angst, sie könnte sich lebensbedrohlich verletzen. Das alles sei nach einem Wutanfall und einer darauffolgenden, mit Bewusstlosigkeit einhergehenden Ohnmachtsattacke aufgetreten. Es bestand ein Zusammenhang zwischen der Attacke und der bevorstehenden Trennung von der Firma, in der er zwölf Jahre lang gearbeitet und die er als großzügige Mutter erlebt hatte.

Herr X., in Deutschland geboren und Migrant zweiter Generation, berichtete, dass sowohl sein Vater als auch seine Mutter aus Griechenland und aus Familien von Vertriebenen stammten. Der Vater des Patienten war das neunte Kind in seiner Familie und dessen Vater Alkoholiker. Der Patient erlebte seinen Vater als fremd und sprachlos. Die Mutter des Patienten wuchs bei ihren Großeltern auf, da ihre Eltern zerstritten waren. Beide Eltern des Patienten sind in Armut und in sehr beengten familiären Verhältnissen großgeworden und waren im Heimatland nicht verwurzelt. Mitte der 1960er-Jahre migrierten die Eltern des Patienten nach Deutschland. Die Traumatisierungen der Großelterngeneration durch die Erschütterungen der brutalen Vertreibung und der Entwurzelung wurden an die nächsten Generationen weitergegeben in Form eines Mangels an fürsorglicher Begleitung und primärer Mütterlichkeit. So wurde der Patient schon als Säugling erst mit acht Monaten bei einer Tante und später immer wieder bei Verwandten in der Heimat zurückgelassen, damit die Eltern in Deutschland arbeiten konnten. Statt behutsam und fürsorglich in die kulturellen Normen der Gastgesellschaft eingeführt zu werden, wurde er – wie ein Koffer – hin- und hergeschickt und pendelte zwischen Herkunfts- und Gastkultur in einem Alter, in dem die Seele noch nicht in der Lage war, die überflutenden Ereignisse und die damit verbundenen überflutenden Affekte zu verarbeiten.

Herr X. berichtete, dass er schon immer die Vorstellung hatte, den Tod in sich zu tragen, dies sei jedoch nach der Ohnmachtsattacke schlimmer geworden.

Herr X. hatte beide Eltern als Fremde, als eingefroren und weit weg erlebt: »Vater war für mich ein Fremder.« Die Mutter beschreibt er als kühl und distanziert, ohne Emotionen, aber sehr auf das Materielle bedacht. Sie habe oft mit Kopfschmerzen auf dem Sofa gelegen und in Ruhe gelassen werden wollen. Ich vermute, dass neben den realen Brüchen und Verlusterfahrungen, die Herr X. erlitten hatte, auch diese Versteinerung bzw. Abstumpfung beider Eltern – so wie er es erlebte – traumatische Folgen in ihm hinterließen, im Sinne von kumulativen Traumata.

Gleich zu Beginn der analytischen Behandlung waren wir mit seiner mörderischen Wut und der daraus folgenden Angst konfrontiert, Amokläufer zu werden. Diese Angst übertrug sich so stark auf mich, dass ich in dieser Zeit auch die Phantasie hatte, er könne tatsächlich jemandem etwas antun. Gefühle, wie bombardiert von seiner Not und dem Ausmaß seiner Wut zu sein, machten sich in dieser ersten Behandlungsphase in meiner Gegenübertragung fest, überschwemmten und blockierten mich. Ohnmacht und Hilflosigkeit machten sich ebenfalls in mir breit, da ich mit seinen Klagen anfangs so gut wie gar nichts anfangen konnte, was mir Schuldgefühle bereitete.

Nach und nach wurde jedoch ein anderer, neuer Aspekt deutlich, als sich in dieser ersten Behandlungsphase das Übertragungsthema in der Beziehung zu mir reinszenierte: Es gibt in mir ein schreiendes, verzweifeltes Kind und es gibt eine versagende, stumme analytische Mutter, die weit weg ist und meine extremen Nöte nicht versteht, sich nicht einfühlt, wie damals meine eigene Mutter. In der Übertragungsbeziehung reinszenierten sich die Fremdheit, die Kontaktlosigkeit, die Abwesenheit. Es gab nur eingefrorene Beziehungen und keine Verständigung.

Erst ein halbes Jahr später fand eine erste Annäherung statt und in mir keimte ein Verstehen. Ich erlebte das Material, das er in die Sitzungen brachte, nicht mehr als überschwemmend und lähmend, sondern konnte mich etwas besser in ihn einfühlen. In mir entstanden

Gedanken, die ich ihm mitteilen konnte, wodurch er sich verstanden fühlte. Es gelang ihm auch besser, seine emotionale Kruste abzulegen und er kam jetzt mehr in Kontakt mit seinen Emotionen, die ich nun besser verstehen und mich einfühlen konnte. Gleichzeitig berichtete er, dass sich das Klima in seiner Familie besserte und sich ein liebevoller Umgang einstellte: »Es hat sich etwas gelöst. Wenn ich gehe, sagt mir meine Tochter Tschüss und gibt mir einen Kuss; in mir kommt eine unendliche Freude hoch, die mich überströmt, ich kann sie nicht mehr halten.«

Da begann meines Erachtens etwas in unserer Beziehung zu entstehen, was Balint (1970) »primäre Liebe« nannte und was Kinston und Cohen (1986, S. 343) »primäre Bezogenheit« nennen. Nur im Zustand der primären Bezogenheit kann das Wiederauftauchen traumatischen Materials ohne dauernden Schaden toleriert werden und eine Einbindung traumatischer Erfahrungen in eine reifere, symbolische Ebene psychischer Struktur gelingen.

Das zeigte sich bei uns so, dass Herr X., als es ihm besserging, seine Familie in die Heimat schickte. Bereits beim Kofferpacken spürte er die Verwirrung. Nach der Abreise der beiden kamen sehr bald sein gefühlsmäßiges Elend und der Ich-Verlust zum Vorschein, da ihm der Bezug zu all seinen Plänen verlorenging und sein Konzept über die Planung dieser Zeit ohne seine Familie zusammenbrach. Er spürte keinen Halt mehr, sein einziger Ausweg als Bewältigungsversuch bestand in der Flucht zum psychosomatischen Zahnschmerz, der nachts auftrat, vermutlich, um die Angst zu binden. Durch die Trennung von seiner Frau und seiner Tochter erlitt er einen Objektverlust, der eine Wiederholung des Verlusts des Primärobjekts darstellte. Die massive, überwältigende Erfahrung dieses Zustands setzte jegliche Möglichkeit der psychischen Verarbeitung außer Kraft, sodass sich ihm der Körper als einzig präsentes Objekt anbot.

In einem späteren Stadium der analytischen Behandlung entwickelte er während der Analysepause eine Alopecia areata. Büschelweise fielen ihm die Haare aus. Die rundlichen kahlen Stellen am behaarten Kopf fand er hässlich und schämte sich sehr. Er sah diese Entwicklung im Zusammenhang mit entsetzlichen Gefühlen der Wertlosigkeit, die er von früher so gut kannte. Er sagte: »Es ist zum Haare ausreißen.« Ein anderes Mal kam es – erneut in einer Analysepause – wegen eines Nierensteins zu Koliken, die einen Krankenhausaufenthalt nötig machten.

Nach Bohleber (2000, S. 826) entzieht sich das destruktive Element, die unmittelbare traumatisierende Gewalt, der Bedeutungsgebung. Es bleibt ein Zuviel, ein massiver Überschuss, der die seelische Struktur durchbricht, und es kann im Augenblick des traumatischen Erlebens nicht durch Bedeutung contained werden. Dori Laub (2000, S. 866) spricht von Besetzungsabzug bzw. vom Scheitern der Beziehung zwischen dem Selbst und einem empathischen, Halt gebenden Objekt in der traumatischen Erfahrung. Beim Zerbrechen dieser empathischen dyadischen Beziehung stellen zahlreiche psychische Konfigurationen, so konfliktreich sie auch sein mögen, eine willkommene Linderung der Schrecken des objektlosen Zustands einer absoluten Einsamkeit und Verlassenheit dar. Herr X. entwickelte während der Behandlung viele von ihm sehr schmerzlich und dramatisch empfundene körperliche Symptome.

Immer wieder vermittelte er mir eine erbarmungswürdige und für ihn beschämende Not, die mit Gefühlen tiefster Verlassenheit zu tun hatte. Das Ausmaß dieser Not war für mich in dieser Situation unfassbar, es blockierte mich und machte mich stumm, weil diese Gefühle noch nie verstanden und noch nie durch eine Bedeutungsgebung gehalten worden waren. Auch mir war es zunächst nicht möglich, meine Stummheit zu begreifen, um sie dadurch auch für ihn mit Bedeutung zu versehen. Die frühe Abwesenheit der Primärobjekte mit all den affektiven Auswirkungen auf Herrn X. war sozusagen immer in Abwesenheit geblieben, da sie von den Eltern nicht als solche zugelassen und benannt worden waren. Deswegen konnten diese Affekte von Herrn X. nicht reflektiert und mentalisiert bzw. symbolisiert werden. Aktuell löste jetzt die Abwesenheit seiner Familie einen massiven Überschuss an Affekten, eine Überschwemmung aus, die sich projektiv auf mich übertrug. Möglicherweise waren die rasenden Zahnschmerzen die schmerzende Seele in ihm oder der Ausdruck von etwas Unerträglichem, eine abgrundtiefe Verlassenheit, die keinen Namen hatte.

Zugleich drückten meine Stummheit und mein Blockiert-Sein aber auch das Entfernt-Sein, das Eingefrorene, das Fremde zwischen ihm und mir aus – pathogene Aspekte, die seine Beziehung zu seinen Eltern, speziell zu seiner Mutter, charakterisierten. Während der Behandlung bekam er Kontakt zu Gefühlen von Verzweiflung. Er konnte mir sagen, dass er sich wie ein Kleinkind, das »in die Scheiße gefallen ist«, fühle – unansehnlich, übel riechend, ausgestoßen und weggeworfen – wie früher, als er immer wieder abgegeben und alleingelassen wurde.

Solche Sitzungen hatten etwas Erschütterndes. Ich spürte eine Art Dankbarkeit dafür, dass er mich so nah an seine Gefühle tiefster Verlassenheit und Verzweiflung heranließ und ich so die Möglichkeit hatte, mich in ihn einzufühlen und zu versuchen, ein hilfreicher Container für ihn zu sein.

Die andere Form des Fluchtwegs als Bewältigungsversuch war der Spielautomat. Als er arbeitslos wurde, begann er am Automaten zu spielen. Er verlor, was für mich eine Darstellung seiner inneren Verlorenheit war. Er war niedergeschlagen, fühlte sich abgelehnt, verstoßen, wie weggeworfen und zog sich in den Sitzungen in eine lethargische Passivität zurück, womit er mir das Abwesende, Ferne, Identifizierte mit den fernen Eltern demonstrierte. Er fürchtete in dieser regressiven Phase, dass er sich in Streitigkeiten mit seiner Frau verwickeln könnte, deswegen ging er spielen.

Herr X.: »Nach außen hin bin ich folgsam, der gute Junge, heimlich gehe ich spielen. Eigentlich will ich gar nicht spielen, wenn ich aber den Automaten sehe, ist ein solcher Sog da, der mich einsaugt. Ich bin dann allein mit ihm und bin aus allem raus, ich und der Automat, kein Anderer. Ich fühle mich aber für alles schuldig.«

Ich sagte: »Das scheint für Sie sehr wichtig zu sein, dass Sie mit dem Automaten allein sind. Sie haben sich dann gefühlsmäßig besser unter Kontrolle und außerdem: Der geht nie weg, der ist immer ganz konkret für Sie da.«

Herr X.: »Er ist immer da, immer verfügbar wie eine Mutter, die mich bespielt.«

Ich: »Aber eine leblose Mutter.«

Er fragte sich, ob er böse sei: »War ich ein böses Kind? Wieso hat sie mich weggeschickt? Und später mit ihren Kopfschmerzen auf dem Sofa, da schickte sie mich auch immer weg – war ich böse?«, und er weinte bitterlich.

Ich sah den Spielautomaten als den äußeren Repräsentanten eines inneren toten, unbeseelten, stummen Objekts, bei dem er Zuflucht suchte, während er sich verloren und ausgebrannt fühlte, weil er das gute, innere Objekt verloren hatte (vgl. Green, 1993). Er erlebte den Automaten wie eine Maschine, von der er sich ein- bzw. ausgesaugt fühlte – innerlich hohl und leer, weil er sein Selbst nicht spürte. War es nicht der »leere Kreis«, das »Loch in der seelischen Struktur«, was von vielen Autoren als das charakteristische Phänomen bei Traumatisierungen beschrieben wird? Herr X. hatte in Form einer manischen Verfassung die Hoffnung, den Automaten zu beherrschen und zu kontrollieren.

Zu einem späteren Zeitpunkt der Behandlung (340. Sitzung) sprach er von »Einsaugern« im Zusammenhang mit seinen Beziehungsproblemen. Er beschrieb »diesen Sog«, den er immer wieder in Beziehungen spürte. Er nannte ihn: »Die Einsaugermaschine.« Er fühlte sich von manchen Menschen aus seiner Umgebung wie eingesaugt, ausgenutzt und ausgebeutet, weil er nicht »Nein« habe sagen können: »Ich kann mich denen nicht entziehen und habe ständig das Gefühl, mich unterwerfen zu müssen, sonst fühle ich mich abgelehnt, verworfen und vernichtet.« Das war mit einer mörderischen Wut und mit Entfremdungsgefühlen gekoppelt. Etwas später kam er selber zu der Einsicht: »Wenn ich das Verständnis, was ich hier habe, verliere, dann wird die ›Einsaugermaschine‹ stärker. Ich verliere dann meine Grenzen.« Diese Problematik behinderte ihn massiv, sowohl bei seiner Arbeit als auch in seinen Beziehungen.

Die analytische Behandlung von Herrn X. dauerte 360 Sitzungen und wurde zwei Mal wöchentlich im Sitzen absolviert.

Die Väter

Bei der Gegenüberstellung der Väter der zwei griechischen mythologischen Helden Odysseus und Ödipus ist nach Wikipedia zu erfahren: Laertes, König von Ithaka, übergab die Herrschaft seines Königreichs seinem Sohn Odysseus schon, bevor dieser in den Trojanischen Krieg zog. Laertes zog sich dann auf sein Landgut zurück, während Odysseus sein Königreich sehr besonnen regierte. Im Gegensatz dazu erfährt man von Laios, König von Theben, dass er im Alter von einem Jahr seinen Vater verlor. Laios ist der Vater von Ödipus, den er, nachdem er ihn an den Füßen verstümmelt hatte, mit seiner Ehefrau Iokaste als Neugeborenen im Gebirge aussetzen ließ.

Laertes schien ein gütiger, wohlwollender und präsenter Vater gewesen zu sein und Odysseus regierte mildtätig und besonnen.

Laios hingegen, ohne Vater aufgewachsen und selber traumatisiert, wurde später zu einem traumatisierenden und gewalttätigen Vater. Ödipus, belastet durch das Gewalttätige des Vaters, gab die Gewalt und die Traumatisierungen transgenerational an die Söhne weiter.

Die Väter, die in den 1960er- und 1970er-Jahren emigrierten, waren sehr belastet. Sie kamen aus ärmlichen Verhältnissen und sahen in der Migration die einzige Hoffnung auf ein besseres Leben. Die Kindheit dieser Väter war geprägt von Trennungen, Verlusten und Verdinglichungserfahrungen, während individuelle Wünsche und Rechte keinen Platz hatten und von dringenden wirtschaftlichen Notwendigkeiten ihrer Eltern verdrängt wurden.

Bei der Frage, welche Entwicklungsschritte notwendig sind, damit ein Mann sich in seinem Selbstgefühl als Mann sicher bzw. seelisch als Mann reif fühlt, nennt Blass (2010) drei wichtige Bedingungen: a) eine sichere Mutterbindung, b) die Anwesenheit und Präsenz eines präödipal verfügbaren, aufmerksamen, interessierten und schützenden Vaters, c) die Verinnerlichung dieser beiden Aspekte.

In Zeiten eines migrationsbedingten kulturellen Wandels konnten natürlich diese Väter, die selber keine stabilen guten Objekte verinnerlicht hatten und in ihrer Identität verunsichert waren, keine identitätsstiftenden Vorbilder für ihre Kinder sein. Vor diesem Hintergrund erlebten sowohl Herr M. als auch Herr X. ihre Väter als abwesend und nicht als hilfreiche, einfühlsam begleitende und emotional präsente Personen. Im Gegenteil: Herr M. erlebte seinen Vater als jähzornig und gewalttätig; Herr X. erlebte seinen Vater als stumm und abwesend. Ähnliche Erfahrungen mit ihren Vätern haben viele meiner Patienten, Migranten erster und zweiter Generation, beklagt.

Die türkische Autorin Fatma Aydemir beschreibt in ihrem Roman *Dschinns* sehr präzise die Ohnmacht und die Hilflosigkeit des von ihr als gedemütigt und erniedrigt erlebten, stummen Vaters, der sich in der Fabrik kaputtgeschuftet habe, ohne eine Wertschätzung erfahren zu haben. Er sei meistens stumm und abwesend gewesen und habe seine Kinder nicht beschützen können. Sie erzählt von den erschütternden Erfahrungen, in einer Familie gelebt zu haben, in der die türkischen Eltern unbehaust, gedemütigt, verloren und diskriminiert in Deutschland lebten und arbeiteten. Sie waren außerstande, ihre Kinder zu beschützen. In ihrem Buch *Ellenbogen* (2018), das nun verfilmt worden ist, erzählt sie von erdrückender Ohnmacht und unbändiger Wut.

Der griechisch-schwedische Autor Aris Fioretos spricht in seinem Buch *Die halbe Sonne* von seinem Vater, der zum Studieren von Griechenland nach Schweden emigrierte. Fioretos nennt ihn den »ausländischen Vater«. Er beschreibt dessen Ohnmacht und Hilflosigkeit und dass es besser wurde, als es diesem »ausländischen Vater« gelang, sich mit dieser Hilflosigkeit anzufreunden.

In der Fachliteratur findet sich dieses Vaterbild wieder. Forschungsergebnissen zufolge sind Männer bzw. Väter mit Migrationsgeschichte in der Forschung meist nicht repräsentiert; es gibt kaum Studien zu engagierter Väterlichkeit und nur sehr vereinzelt positive Darstellungen von Männern mit Migrationsgeschichte als aktive, fürsorgliche und liebevolle Väter. Väter aus sozial benachteiligten Familien werden als abwesend, unsicher, dominant, verantwortungslos, gewalttätig, schwach oder labil beschrieben. Diese Zuschreibungen werden insbesondere auf die biografischen Bildungs- und Sozialisationserfahrungen in den Herkunftsmilieus zurückgeführt (vgl. Großer-Kaya et al., 2014, S. 55).

»Das schwarze Loch«

Mich hat immer das Gefühl, »eingesaugt zu werden«, berührt und fasziniert. Ich meine damit regressive Zustände, in die jemand im Gespräch mit einer anderen Person zurückfällt, so wie Herr X. es beschrieben hat. Ich persönlich kenne diesen Zustand, wenn ich mich in Gegenwart von bestimmten Personen blockiert, lahmgelegt, überstülpt fühle, als würde ich von der anderen Person eingesogen. In solchen Situationen wird dann die Begegnung mehr oder weniger einseitig, denn der eine Gesprächspartner ist durch seine Blockade wie ausgeschaltet. Der Patient Herr X. nannte dieses Phänomen die »Einsaugermaschine«, und ich bringe dies in Zusammenhang mit dem Begriff des »schwarzen Lochs«, so wie es Gurevich (vgl. 2012, S. 121) definiert.

In der Astrophysik bezeichnet man als »schwarzes Loch« ein Objekt, dessen Masse auf ein extrem kleines Volumen konzentriert ist und infolge dieser Kompaktheit in seiner unmittelbaren Umgebung eine unendlich starke Gravitation erzeugt, sodass nicht einmal das Licht diesen Bereich verlassen oder durchlaufen kann. Ein schwarzes Loch ist also als ein Körper definiert, der sämtliche Gravitationskräfte in sich einsaugt.

Nach Ilany Kogan (2007, S. 103) bezeichnet man in der Psychoanalyse mit dem Begriff »schwarzes Loch« frühe Traumatisierungen, die durch die körperliche Getrenntheit von der Mutter verursacht werden und primitive psychische Störungen nach sich ziehen. Dieses schwarze Loch wurde bei den Nachkommen von Holocaust-Überlebenden beobachtet und zwar auf einer sehr spezifischen Art und Weise:

> »Es resultiert aus der Verleugnung oder Verdrängung des Traumas durch die Eltern (eines Traumas, das sich die Kinder via primitiver Identifizierung selbst zuschreiben) sowie durch die Verdrängung der Spuren dieses Traumas durch die Nachkommen.« (Kogan, 2007, S. 104)

Ilse Grubrich-Simitis (1984) postuliert in dem Zusammenhang, dass die Eltern die eigene traumatische Lebenserfahrung in etwas Schreckliches umdeuten, das der inneren Welt des Kindes entstammt, womit sie die Realität des Traumas derealisieren. Hayuta Gurevich beschreibt im Zusammenhang mit diesem Phänomen, dass das Kind eine Art Schockzustand erleidet, wenn die Abwesenheit der Mutter das zeitliche Maß überschreitet, das ein Kind verkraften und seelisch verarbeiten kann. Sie vergleicht das Einfrieren der Mutter und die Leere, die sie damit erschafft, mit einem stummen, aufgerissenen Mund des Kindes als Ausdruck seines Hungers nach Emotionalität, seiner unbefriedigten Bedürfnisse und seiner inneren Leere. Für sie ist diese Abwesenheit wie ein schwarzes Loch:

> »Eine äußere Leere hat sich in eine Kraft verwandelt, die das Kind in sich hineinzieht, wie ein Sog. Das Kind verliert dadurch seinen Sinn für eigene Grenzen und eigene Wünsche und verwandelt sich in eine konkret reagierende Aktivität, eine aktive Unterwerfung unter die emotional abwesende Mutter. Unweigerlich, unfreiwillig und verzweifelt leert sich das Kind in die von der Mutter geschaffene Leere aus, um aus eigener Kraft die Verbindung mit ihr aufrechtzuerhalten.« (Gurevich, 2012, S. 1077)

Ich bin der Ansicht, dass das schwarze Loch – wie Gurevich es beschreibt – gut als Metapher auch für die Traumatisierungen vieler Kinder von Arbeitsmigranten dienen kann, die sehr früh von den Eltern getrennt wurden, wie es bei Herrn X. gezeigt wurde. Ich vermute, dass die Erstarrung und Leere der Mutter, die mit Kopfschmerzen auf dem Sofa lag und für den Patienten unerreichbar war, wie auch die Unerreichbarkeit des Vaters nicht durch die Migration bedingt waren. Die Eltern von Herrn X. trugen selber die Last ihrer eigenen, von ihren Eltern und Großeltern übernommenen Traumatisierungen aus der Zeit der brutalen Vertreibung. Diese alten Traumata führten zu einer Erstarrung, die durch die Migration noch verstärkt wurde. Das Einfrieren beider Eltern und die dadurch verursachte emotionale Abwesenheit und Leere verwandelten sich in eine Kraft – wie die Gravitationskräfte –, die das Kind, Herrn X., wie ein Sog in sich hineinzogen. Denn sowohl die emotionale Abwesenheit beider Eltern als auch die traumatisierenden Verluste durch die frühen Trennungen des Patienten wurden begleitet von einer radikalen Sprachlosigkeit und Tabuisierung und blieben bestehen. Das hinterließ bei Herrn X. ein Loch in der Seele, weil diese Traumatisierungen nicht in die seelische Struktur eingebunden werden konnten. Er erlebte später die Anderen (wie den Spielautomaten) als Maschinen, die ihn einsaugten, denen er sich unterwerfen musste. Herr X. hatte all die frühen Trennungen nicht bewältigen können, denn er unterwarf sich. Er erlitt sie und geriet in einen traumatischen Zustand. Darin zeigte sich der Selbstverlust. Er sagte dann oft: »Wenn man mich in solchen Situationen fragt, ob der Esel fliegt, sage ich immer: Ja, er fliegt.«

Diesen Zustand des psychischen Traumas durch die mütterliche Abwesenheit nennt Leonard Shengold »Seelenmord« (2006 [1989]), einen Akt gewaltfreien Tötens, der das Lebendige und Existierende in Tod verwandelt, welcher als absolut real erfahren wird. Ist das nicht auch der »Seelenmord«, von dem Wurmser spricht, wenn er von der Verdinglichung bzw. der Vergegenständlichung des Subjekts spricht?

Dori Laub ist der Meinung, dass schwere Traumatisierung verhindert, dass diese Erfahrung in der psychischen Struktur eingebunden wird und das wiederum sei mit der stummen Aktivität des Todestriebs verknüpft. Seiner Ansicht nach setzt eine Traumatisierung den Todestrieb in Gang, indem die Objektbesetzungen und die libidinösen Kräfte, die mit den Objektbesetzungen verbunden sind, eliminiert werden. Das hat zur Folge, dass die seelischen Strukturen plötzlich demontiert werden. Das führt zu den »Löchern in der Psyche«, verbunden mit dem Gefühl, tot zu sein. Es ist ein Zustand innerer Objektlosigkeit und fehlender Repräsentanz, ein Zustand anhaltender Abwesenheit (vgl. Laub, 2000, S. 860ff.). Herr X. fühlte sich oft wie tot und meinte, den Tod immer in sich getragen zu haben.

Aus meiner klinischen Erfahrung ist diese Symptomatik häufig bei Kindern von Migranten zu finden, insbesondere bei Kindern mit vielen Trennungserfahrungen im frühen Alter, und geht oft mit heftigen psychosomatischen Beschwerden und Erkrankungen einher. Das hat mit dem frühen Objektverlust zu tun und mit den dabei entstehenden überwältigenden Affekten, die von dem ohnehin schon geschwächten und fragilen Ich nicht gehalten werden können. Für Herrn X. gab es keinen Halt mehr, als er seine Familie in den Urlaub nach Griechenland schickte. Er erlitt einen akuten Objektverlust als Wiederholung des frühen Verlustes vom Primärobjekt. Der Ich-Verlust zeigte sich darin, dass alle seine Vorhaben, die er für diese Zeit geplant hatte, zusammenbrachen. Der einzige Bewältigungsversuch war die Flucht in den psychosomatischen Zahnschmerz, der nachts auftrat, vermutlich, um die Angst zu binden.

Wenn die Containerfunktion der Primärobjekte versagt, können sowohl die erschütternden, traumatisierenden Trennungserfahrungen als auch die überwältigenden Affekte, die dabei entstehen, nicht gehalten, nicht reflektiert und nicht mentalisiert werden. Das hat zur Folge, dass sich keine Repräsentation im psychischen Organ entwickeln kann und das wiederum führt zu Symbolisierungs- und psychosomatischen Störungen.

Viele meiner Patienten berichteten von heftigen Affekten der Wut, die sie nicht loswerden konnten und von Angst. In der Literatur wird beschrieben, dass sich bei traumatisierten Patienten oft die Wut gegen das eigene Selbst wendet und dass dies Angst und psychosomatische Störungen hervorruft. Da diese Patienten mit Eltern aufwuchsen, die sowohl die Trennungserfahrungen als auch die damit zusammenhängenden Affekte verleugneten, durften die überflutenden Affekte nicht existent sein. Sie blieben in Abwesenheit, versanken in Sprachlosigkeit und Tabuisierung und konnten nicht betrauert werden. Der einzige Ausweg ist dann der psychosomatische Schmerz.

Kann eine Migration gelingen?

Migration löst einerseits eine massive Verunsicherung aus, andererseits kann das Neue auch kreative Energien freisetzen, die dem Migranten zunächst helfen, sich über das Verlorene hinwegzutrösten. Dies hängt davon ab, ob der Migrant dafür ausgerüstet ist, das heißt, ob er in der Lage ist, intrapsychisch einen Schutzraum zu errichten, in dem er den psychischen Schmerz über die erlebten Verluste zulassen, betrauern und tolerieren kann, um dann wie in einem Spiel die alten Erfahrungen mit den neuen Anforderungen verbinden zu können. Das Errichten eines Schutzraums setzt jedoch die Fähigkeit voraus, das Alleinsein, das Ausgeschlossensein und die damit verbundenen Gefühle von Zorn, Hass und Zuneigung auszuhalten und zu versöhnen. Diese Fähigkeit hängt von der Existenz guter, stabiler elterlicher Objekte ab, mit denen sich der Migrant als Kind identifizieren konnte, also eine einfühlsame und die Individuation des Kindes fördernde Mutter und einen früh verfügbaren, aufmerksamen und schützenden Vater (vgl. Blass, 2010, S. 682ff.).

Die Grinbergs (1990) sind der Meinung, dass das Aushalten des Gefühls von Ausgeschlossensein ein wichtiger Faktor ist, der zum Gelingen der Migration beiträgt. Sie zitieren Winnicott, demzufolge die Fähigkeit allein zu sein ein wichtiges Zeichen für Reife ist.

In der Literatur ist bekannt, dass zwei Hauptfaktoren als ausschlaggebend für das Gelingen einer Migration angesehen werden können. Der eine Faktor ist die Prädisposition des Migranten und seine Fähigkeit, schmerzliche Erfahrungen zu betrauern. Diese prämigrative Disposition sehen die Grinbergs als den wichtigsten Faktor für das Gelingen oder Misslingen einer Integration. Der zweite Faktor betrifft die Aufnahmegesellschaft. Manche Autorinnen und Autoren heben den sozialen Einfluss der Aufnahmegesellschaft stärker hervor. Sie meinen, dass die Migranten in vielen Fällen auf eine ignorierende, feindliche Umwelt treffen und dass die von außen einbrechenden Handlungszwänge kaum Übergangsräume und Übergangszeit für den Migranten zulassen (vgl. Bär, 2018, S. 53ff.). Vera King (2016, S. 994ff.) ist der Meinung, dass Kinder aus Einwandererfamilien, die in marginalisierten Vierteln europäischer Städte aufwachsen, »oft von generationsübergreifenden Erfahrungen kaum überwindbarer Ausgrenzung geprägt werden«; dass also solche Faktoren in Verbindung mit einer entsprechenden Prädisposition eine Bewältigung und Verarbeitung schwer, wenn nicht sogar unmöglich machen.

Migration als Reifung

Die Migration ist eine Krisensituation und kann mit einer Odyssee verglichen werden. Wenn alles gutgeht, wird sie als ein entwicklungsförderndes Ereignis erlebt und führt zu einem Prozess der Reifung, Selbstfindung und geistiger Entwicklung. Im Gegensatz dazu, wenn es nicht gutgeht, kann eine Migration traumatisch und als zerstörerisches Ereignis erlebt werden. Das kann dann zu Stagnation, zu innerer Abschottung und emotionaler Erstarrung, zu psychosomatischen Erkrankungen, sogar zu Katastrophen führen, wie es die Beziehungskatastrophen dokumentieren zwischen den Arbeitsmigranten und den »ausgesetzten« Kindern, das heißt den Kindern, die sehr früh zu Verwandten in die Heimat geschickt wurden.

Der Prozess der Reifung hängt davon ab, ob die Migration und der damit verbundene psychische Schmerz als ein depressives Ereignis erlebt und toleriert werden können. Wenn das möglich ist, kann der Migrant den Schmerz in kreatives Wissen und kreative Erfahrung umwandeln; so kann dann Erkenntnis entstehen. Wenn der psychische Schmerz und die Trauer nicht toleriert werden können, sondern vermieden und verdrängt werden müssen, dann entsteht ein Nichtwissen. Darin sind Verleugnung, Neid und Vermessenheit enthalten. In diesem Fall gibt es kein Lernen, kein Wissen und keine Entwicklung (vgl. Grinberg & Grinberg, 1990, S. 74). Der Prozess der Reifung hängt auch davon ab, ob es dem Migranten in dem Dreieck Herkunftsland–Migrant–Gastland gelingt, diese drei Elemente miteinander zu verbinden, was bedeutet, die Öffnung zu dem Gastland zu bewahren, ohne die Verbindung zu dem Herkunftsland und zu sich selbst zu verlieren.

Aus der Perspektive der Mythologie her betrachtet entsteht Reifung dann, wenn man sich von der archaischen regressiven Sehnsucht nach Einheit und Verschmelzung trennen und sich zu Individuierung und Differenzierung hinbewegen kann (vgl. Amati Mehler, 2010, S. 153). Die Reifung entsteht dann dadurch, dass mit dieser Bewegung die Fähigkeit, die Realität besser annehmen und akzeptieren zu können, zunimmt. Gleichzeitig nehmen die Idealisierungen bzw. die hinderliche Kraft der Illusionen und somit auch die Vermessenheit ab (vgl. Bion, 1963, S. 84). Dadurch entsteht mehr Raum für Trauer, welche zwar mit psychischem Schmerz verbunden ist, aber Neugier ermöglicht, die den Wissenserwerb fördert und kreatives Potenzial entstehen lässt.

So könnte man die mythologischen Figuren von Odysseus und von Ödipus als Repräsentationen einer gelungenen und einer misslungenen Migration sehen. Odysseus ist meiner Meinung nach ein gutes Beispiel für eine gelungene Migration, denn seine zehnjährige, zum Teil qualvolle Irrfahrt endet letztendlich mit der ersehnten Heimkehr. Im Gegensatz dazu ist der ausgesetzte Königssohn Ödipus, der später noch von Korinth nach Theben migriert, ein sehr gutes Beispiel für eine misslungene Migration. In *Ödipus auf Kolonos* zeigt sich nämlich das Ausmaß der Zerstörung und der Verwüstung sowohl in der Beziehung zu sich selbst, als auch in der Beziehung zu seinen Söhnen, die er in den Tod verflucht, als auch in der Beziehung zu seinen Töchtern, die er missbräuchlich, inzestuös funktionalisiert, als wären sie seine »Lebensstützen«. Sverre Varvin (2016, S. 825) schreibt: »Wir können *Ödipus auf Kolonos* als Musterfall für die Psychologie von Heimatlosigkeit und Identitätsverlust betrachten.« Ödipus kehrt letztlich nicht in die Heimat zurück, sondern flüchtet weiter und sucht schließlich Zuflucht in einem heiligen Bezirk – Kolonos – außerhalb von Athen. Er kann nicht trauern; stattdessen erstarrt er in seiner Vermessenheit und Verleugnung und wird letztendlich größenwahnsinnig und paranoid.

Über den Prozess der Reifung durch Trauer wächst durch die Bildung von Repräsentanzen auch die Fähigkeit der Versprachlichung. Das heißt, aus der Sprachlosigkeit entsteht Sprache. In dem Buch *Streulicht* (2020) von Deniz Ohde beschreibt die türkisch-deutsche Autorin sehr präzise diese unerträgliche und schmerzliche Sprachlosigkeit nicht nur über die Verluste, die sie erlebt, sondern auch über alle Demütigungen und rassistisch anmutende Diskriminierungen seitens ihrer Umgebung. Diese wurden von ihr tabuisiert und geleugnet aus ihrer Angst heraus, noch tiefer in die marginalisierte Welt abzurutschen, in der sie sich schon befand. So blieb sie in dieser Sprachlosigkeit haften, die alles lähmte. Letztendlich gelingt es ihr, aus diesem Milieu der Sprachlosigkeit auszubrechen, indem sie eine Sprache für sich findet. Das korrespondiert mit der Zeit, in der sie den Heimatort verlässt und zum Studieren in eine andere Stadt zieht.

Solche Beispiele gibt es viele. Immer wieder begegnen mir in der Literatur oder in der Filmszene Kinder von Migranten zweiter oder dritter Generation, die ihre eigenen schmerzlichen Erfahrungen und die ihrer Eltern oder Großeltern beschreiben. Zum Beispiel im Film *Gleis 11* des türkischen Regisseurs Çağdaş Eren Yüksel. Das Gleis 11 war das Gleis des Münchener Hauptbahnhofs, von dem aus die türkischen und wohl auch die griechischen Gastarbeiter und Studenten (wie auch ich) in die Heimat fuhren. Der Regisseur Yüksel sagt: »Aus der Suche nach meinem Großvater wird eine Suche nach Identität.« Aus der Sprachlosigkeit entstehen Sprache und Kreativität – aber erst in der dritten Generation. So werden sowohl die Kinder als auch deren Eltern und Großeltern sichtbar.

Dennoch ist für Migrantenfamilien die Grundanforderung, eine Balance zwischen dem Ursprünglichen und dem Neuen zu halten, wesentlich schwerer zu erfüllen als für Einheimische. Für die Migranten gilt: Zu viel Wandel und Aufgeben der ursprünglichen Welt führt zu Chaos, zu wenig Wandel zu Rigidität. Sie müssen einerseits über die Differenz zum Anderen die eigene Identität bewahren, sich andererseits aber auch um Partizipation bemühen und das Neue übernehmen. Integration nach innen und Öffnung nach außen stellen sich als notwendige, aber teilweise widersprüchliche Anforderungen dar. So musste Herr M. nach jedem Schritt in die eine Richtung (akademische Welt an der deutschen Universität) wieder in seine ursprüngliche Gastarbeiterwelt zurückkehren, um seine Angst zu besänftigen, diese Welt beschädigt und für immer verloren zu haben.

Abschließend möchte ich noch Mario Erdheim zitieren:

> »Das Land, in das man einwandert, ist immer per Definitionem das Bessere und das eigene Land das Schlechtere. Hinzu kommt, dass die Einheimischen etwas Selbstgerechtes haben. Ihnen ist klar, dass sie die Besseren sind und erwarten Anpassung und dies möglichst ohne Widerspruch. Ein zentrales Problem, das kaum aus der Welt zu schaffen ist: Es hat mit der Fraglosigkeit zu tun, in der die Einheimischen leben – sie kennen den Riss nicht, der entsteht, wenn das Selbstverständliche zerbricht.« (2008, S. 144)

Zusammenfassende Gedanken: Der lange Weg zur Emanzipation

Wenn ein Staat nicht imstande ist, aufgrund seiner wirtschaftlichen Situation langfristig allen Mitgliedern seiner Bevölkerung eine Grundexistenz zu sichern, dann werden sich Gewaltverhältnisse entwickeln. Es entstehen dann soziale Brennpunkte, Unruhen, Demonstrationen, Bürgerkriege – oder die Menschen fühlen sich gezwungen, auszuwandern.

Welche sozialpolitischen und wirtschaftlichen Verhältnisse haben in den 1960er-/1970er-Jahren zu dem Exodus von mehr als einer halben Million griechischer Arbeitsmigranten, aber auch Bildungsmigranten nach Deutschland geführt? Welche innerpsychischen Prozesse entwickeln sich dabei und welche Folgen bringt eine Migration mit sich für die erste Generation und später auch für die nachfolgenden Generationen?

Um das Entstehen und die Entwicklung der Arbeitsmigration am Beispiel Griechenlands zu verstehen, werde ich mich noch einmal kurz mit der griechischen Geschichte beschäftigen: Griechenland ist ein territorial kleines Land im Süden Europas an der Nahtstelle zwischen Ost und West. Angeschmiegt an den Orient orientierte sich Griechenland geistig an der westlichen Welt.

Griechenland existiert als souveräner Staat seit nunmehr über 200 Jahren – seit dem Unabhängigkeitskrieg von 1821. Durch die vorangehenden 400 Jahre osmanischer Fremdherrschaft hatte Griechenland die Aufklärung und die Industrialisierung versäumt.

Wahrscheinlich wurde dadurch ein wirtschaftlicher Aufschwung, wie er in westeuropäischen Staaten auch durch die Ausbeutung der Kolonien stattgefunden hat, verpasst.

Nach dem Unabhängigkeitskrieg blieben die idealistischen Erwartungen und Sehnsüchte in der Bevölkerung und deren Traum von Souveränität und Selbstbestimmung unerfüllt, wurden enttäuscht und als Utopie erkannt. Es gab zu viele Fremdeinflüsse und Fremdbestimmung, entweder durch die Könige, die sich immer wieder verfassungswidrig und invasiv in die Regierungsangelegenheiten einmischten, oder durch die Großmächte direkt, die das politische Geschehen beeinflussten und lenkten. Schließlich bestand immer die Gefahr bzw. die Drohung der Aussetzung wirtschaftlicher Hilfen, von denen Griechenland abhängig war. Natürlich spielten für die wirtschaftliche Misere des Landes die strukturellen sozialpolitischen Defizite wie Korruption, chronische innere Zerrissenheit und gesellschaftliche Spaltung in sehr arm und sehr reich eine große Rolle.

Die Vertreibung von 1923, die zwei Weltkriege und der Bürgerkrieg von 1946 bis 1949 trieben das Land noch tiefer in den wirtschaftlichen Ruin. Die Folgen waren Arbeitslosigkeit und Auswanderung. Im Rahmen dieser Macht- und Gewaltverhältnisse ereignete sich die Arbeitsmigration nach Deutschland in den 1960er- und 1970er-Jahren.

Die Bundesrepublik Deutschland hatte sich inzwischen nach dem Zweiten Weltkrieg erholt. Wirtschaftlich unterstützt von der westlichen Welt und vor allen Dingen den USA, die einen wirtschaftlich gut funktionierenden, stabilen Staat vor der UdSSR und dem Eisernen Vorhang haben wollten, entwickelte sich die Bundesrepublik zu einem politisch und ökonomisch stabilen Industriestaat, die Wirtschaft boomte, der Wohlstand wuchs.

Die Arbeitsmigration war unter den gegebenen Verhältnissen für beide Länder hilfreich, denn die griechischen Arbeitslosen fanden

Arbeit, allerdings nicht in ihrer Heimat, sondern in einem fremden Land, diesmal aber innerhalb Europas. Der griechischen Regierung kam dies zugute, da die Massenarbeitslosigkeit gemildert wurde und Devisen ins Land flossen; Griechenland durfte sich 1961 mit dem »Kapital«, das es anbot – den sogenannten »Gastarbeitern« –, an die EWG assoziieren. Die deutsche Regierung profitierte von der Behebung des Arbeitskräftemangels, die deutsche Wirtschaft blühte.

Nur die Arbeitsmigranten kamen als Menschen mit subjektiven Interessen und Wünschen nicht vor – eine alte, traumatisch erlebte, kollektive Kindheitserfahrung, die sich wiederholte. Dieser Aspekt wird 2023 in der Ausstellung *WER WIR SIND. Fragen an ein Einwanderungsland* über Arbeitsmigration in der Bundeskunsthalle in Bonn deutlich. Dort ist zu lesen:

»Wir waren zum Arbeiten da, ansonsten wollte man nicht viel von uns wissen.«

Und weiter:

»Zunächst war der Aufenthalt der Arbeiter*innen auf ein Jahr begrenzt. Es ging allein darum, die benötigte Arbeitskraft abzurufen – die menschliche Dimension blieb weitgehend unberücksichtigt.«

Oder bezüglich des Wohnraums ist zu lesen:

> »Große Firmen waren verpflichtet, den Gastarbeiter*innen Wohnraum zur Verfügung zu stellen. Dies waren meist Gebäude, mitunter aber auch ehemalige Baracken oder Lager, in denen man während der NS-Zeit Zwangsarbeiter*innen untergebracht hatte. Bei den Unterkünften handelte es sich oft um schnell gefundene Provisorien, die häufig überbelegt waren und kaum Privatsphäre boten.«

Die Arbeitsmigranten mussten sich diesen demütigenden und menschenverachtenden Arbeitsverhältnissen unterwerfen, was sie möglicherweise als Retraumatisierung erlebten. Denn sie wurden bereits in ihrer frühen Kindheit in der Heimat unter den damaligen menschenunwürdigen sozialpolitischen Verhältnissen (Kriege, Bürgerkrieg, Vertreibung) traumatisiert. Sie wollten dem chronischen wirtschaftlichen Elend und den politischen Macht- und Gewaltverhältnissen im eigenen Land entrinnen. Man träumte von einem besseren Leben, von dem »gelobten Land«, von einem »Paradies«, wo alles möglich wäre. So kam es schließlich zur Migration.

Im fremden Land kam dann der Schock, als die ernüchternde Realität erkennbar wurde: Auch in dem gelobten Land gab es ein soziales Gefälle und hierarchische Herr-Knecht-Strukturen, denen man sich unterwerfen musste. Man war vom Regen in die Traufe gekommen und die Traumatisierungen setzten sich fort. Dieses traumatische Paket trug man in sich und gab es wortlos an die nächste Generation weiter.

Viele Kinder der Migranten – die zweite Generation, die Leidtragenden – lebten in einer funktionalisierten Welt ohne Emotionen, denn die Eltern waren völlig mit der Erschütterung der Migration, mit dem Schock und mit dem Geldverdienen beschäftigt bzw. okkupiert und von daher versteinert und abwesend für die Wünsche und die Bedürfnisse der Kinder. Diese Kinder bekamen neben dem von den Eltern übernommenen traumatischen Paket noch eine Flut von Aufgaben und Aufträgen delegiert, die sie zu verarbeiten und zu lösen hatten. Ein Auftrag war z. B. die beiden Welten in sich zu vereinbaren und zu versöhnen. Ein anderer war, die Sprachlosigkeit der Eltern zu überwinden und das Unüberbrückbare der beiden Welten zu versprachlichen. Gleichzeitig mussten sie mit der Diskriminierung und mit dem Rassismus in Deutschland fertigwerden. Ein dritter Auftrag war, sich zu emanzipieren, weg von der proletarischen Zugehörigkeit der Eltern hin zur gebildeten, akademischen Welt. Weg von den hierarchischen Herr-Knecht-Verhältnissen hin zu mehr gleichberechtigten, emanzipierten Beziehungen. Dieser letzte

Auftrag war auch noch begleitet von einer *double bind*-Situation für die Kinder, denn die Eltern wollten zwar unbedingt deren sozialen Aufstieg erreichen, mussten ihn aber zugleich verhindern aus der Angst heraus, ihre Kinder dann ganz zu verlieren.

Die durch die Migration bedingte Erschütterung habe ich selbst erlebt, aber sehr oft ist sie mir auch begegnet bei den oft erschütternden Beschreibungen vieler meiner Patienten, den Kindern von Migranten in zweiter Generation, so wie es in den Fallberichten dokumentiert ist. Auch sind mir diese Erschütterungen bei den Kindheitsbeschreibungen vieler Autoreninnen und Autoren, ebenfalls Migranten zweiter Generation, begegnet. Ich habe manchmal an die antiken Tragödien gedacht, wenn ich mir die Ausweglosigkeit der Migrantenkinder und deren Angst vor dem Scheitern in der zweiten Heimat vor Augen führte. Ich dachte auch an Drogenkonsum oder Kriminalität.

Jetzt, 60 bis 65 (und mehr) Jahre nach der Ankunft der ersten Gastarbeiter und überhaupt der Migranten, stellt sich die Frage, was aus den Kindern dieser Migranten und aus deren Kindern geworden ist. Sind sie an den Traumatisierungen, an den Aufgaben und an den Erwartungen zerbrochen? Oder haben sie sich integrieren können? Und wie ist es mit der Reifung, die eine Migration mit sich bringen sollte?

Auch wenn keine statistischen Angaben vorliegen, scheint mir entgegen meiner pessimistischen Befürchtungen, dass der lange Weg zur Emanzipation inzwischen mit Hilfe von Bildung und Ausbildung doch beschritten wird. Denn selbst wenn manche Kinder von Arbeitsmigranten eine kriminelle Laufbahn eingeschlagen haben oder in die Drogenabhängigkeit gerieten, hat es in Deutschland unter Kindern von Migranten in zweiter bzw. dritter Generation noch nie so viele Schriftsteller und Künstler gegeben wie in den letzten Jahren. Außerdem begegnen mir immer wieder Ärzte, Anwälte oder sonstige Akademiker oder Handwerker mit Meistertitel, die Kinder von Arbeitsmigranten nun in zweiter oder dritter Generation sind. Und es gibt mehr und mehr Menschen mit Migrationshintergrund als Mitglieder in Bundes-, Landes- und regionalen Parlamenten und in anderen gehobenen Positionen von Wirtschaft und Verwaltung.

Es scheint also durchaus eine positive Entwicklung mit Hoffnung auf gelungene Emanzipation zu geben, die eine Migration mit sich bringen kann. Es gibt also eine Integration und eine gegenseitige Befruchtung und Bereicherung, wie Aischylos es in seinem antiken Drama *Die Schutzflehenden* beschreibt.

Es bleibt jedoch zu hoffen, dass diese Menschen mit Migrationshintergrund nicht nur beruflich und sozial in der neuen Heimat gut ankommen, sondern auch seelisch mit ihrer hybriden Identität – mit ihrer Zerrissenheit zwischen den zwei Welten und mit ihrem Fremdsein. Die ewige Frage des Migranten: Ob es richtig war, die Heimat verlassen zu haben?

»Ich habe meine Heimat verloren und ich habe mein Selbst verloren«, soll Rachmaninow gesagt haben, nachdem er erfolgreich viele Jahre in Amerika gelebt hatte. So sollte man gar nicht die Frage stellen, ob Migration ein Glück oder ein Fluch ist, denn sie ist immer beides – sowohl Glück als auch Fluch. Migration ist eben: »A hard Job«, wie es Nil Yalter in ihren Bildern dokumentiert.

Im Gegensatz zu dieser positiven Entwicklung in Deutschland wird die Lage in Griechenland seit der Finanzkrise zunehmend bedrohlicher, denn gerade die ausgebildete und qualifizierte Jugend muss erneut auswandern, da sie in der Heimat keine Arbeit findet und mit einer schnell wirkenden Bekämpfung der Jugendarbeitslosigkeit nicht zu rechnen ist. Ein Ende dieser neuen Entwicklung ist nicht absehbar, und das ist sehr besorgniserregend, denn dieser Brain-Drain verschlechtert ja Griechenlands Wirtschaftskrise zusätzlich.

Die junge Generation fühlt sich im Stich gelassen. Sie erlebt, wie die politische Führung immer mehr soziale Absicherungen abschafft, sodass die Jugend nach ihrem Studium bzw. nach ihrer Ausbildung immer mehr in die Schwarzarbeit und in die Armut gezwungen wird. Viele dieser jungen Menschen leben noch bei den Eltern und sind finanziell von ihnen abhängig.

Die durch den Klimawandel bedingten Brand- und Flutkatastrophen, die in der letzten Zeit das Land regelrecht verwüsteten, treiben es wirtschaftlich noch mehr in den Ruin. Ein griechisches Drama?

Es ist naheliegend, dass die arbeitslose qualifizierte Jugend Griechenlands wieder einmal in die Länder auswandern muss, in denen Arbeitskräftemangel oder Fachkräftemangel existiert. So wiederholt sich die Geschichte mit dem Unterschied, dass Griechenland sehr viel in die Bildung dieser Jugend investiert hat, von deren Arbeitskraft jedoch nicht profitiert, denn der Profit wird im Ausland erwirtschaftet.

Dennoch bin ich der Meinung, dass die Migranten und auch die Flüchtlinge, die in den letzten Jahren nach Europa gelangten, als Wegbereiter einer neuen Zeit des Multikulturalismus und Kosmopolitismus angesehen werden können, um eine Welt mit durchlässigen Grenzen zu schaffen. Auch in der Antike mussten vor 2.000 Jahren die Athener mit Hilfe des damals verhassten makedonischen Königs Alexander des Großen ihre starren Grenzen öffnen und den Kosmopolitismus zulassen.

Literatur

Aischylos: *Die Tragödien und Fragmente*. Auf der Grundlage der Übersetzung von Johann Gustav Droysen. Zürich/München: Artemis 1952.

Akhtar, Salman (2007): *Immigration und Identität. Psychosoziale Aspekte und kulturübergreifende Therapie*. Gießen: Psychosozial.

Amati Mehler, Jacqueline (2010): *Das Babel des Unbewussten. Muttersprache und Fremdsprachen in der Psychoanalyse*. Gießen: Psychosozial.

Aydemir, Fatma (2018): *Ellenbogen. Roman*. München: dtv.

Aydemir, Fatma (2023): *Dschinns. Roman*. München: dtv.

Bär, Christine (2018): *Trennungs- und Verlusterfahrungen von Arbeitsmigrantinnen. Eine Studie zu psychosozialen Verarbeitungsmöglichkeiten*. Gießen: Psychosozial.

Balint, Michael (1970): Therapeutische Aspekte der Regression. Die Theorie der Grundstörung. Übers. v. Käte Hügel. Stuttgart: Klett-Cotta.

Bingemer, Karl; Meistermann-Seeger, Edeltrud & Neubert, Edgar (1972): *Leben als Gastarbeiter. Geglückte und mißglückte Integration*. 2. Aufl. Wiesbaden: Westdeutscher Verlag.

Bion, Wilfred R. (1963): *Elemente der Psychoanalyse*. Frankfurt a. M.: Suhrkamp.

Blass, Heribert (2010): Männliche Identät. *Psyche – Z Psychoanal*, 64(8), S. 675–699.

Bohleber, Werner (2000): Die Entwicklung der Traumatheorie in der Psychoanalyse. *Psyche – Z Psychoanal*, 54(9–10), S. 797–839.

Daoud, Kamel (2016). Lob des Zweifels. *Süddeutsche Zeitung*, 2. September 2016 (Gespräch mit K. Daoud).

Delidimitriou-Tsakmaki, Eleni (2001): *Die Bäume, die nicht wurzelten. Das Martyrium der Migranten Deutschlands*. Thessaloniki: University Studio Press.

Delidimitriou-Tsakmaki, Eleni (2005): *Lebenswege. Zeugnisse griechischer Einwanderer in Deutschland.* Thessaloniki: University Studio Press.

Erdheim, Mario (2008): Glück und Unglück in der Emigration. In: *Migration und Psyche. Aufbrüche und Erschütterungen*. Hrsg. v. Sigrid Scheifele. Gießen: Psychosozial.

Fioretos, Aris (2009): *Der letzte Grieche. Roman*. München: Carl Hanser.

Fioretos, Aris (2013): *Die halbe Sonne. Ein Buch über einen Vater*. München: Carl Hanser.

Freud, Sigmund (1974 [1927]): *Studienausgabe, Bd. IX*. Fischer: Frankfurt a. M.

Giordano, Christian (1992): *Die Betrogenen der Geschichte. Überlagerungsmentalität und Überlagerungsrationalität in mediterranen Gesellschaften*. Frankfurt a. M.: Campus.

Green, A. (1993): Die tote Mutter. *Psyche – Z Psychoanal*, 47(3), 205–240.

Grinberg, Leon & Grinberg, Rebecca (1990): *Psychoanalyse der Migration und des Exils*. München: Internationale Psychoanalyse.

Großer-Kaya, Carina; Karadeniz, Özcan & Treichel, Anja (2014): *Väter in interkulturellen Familien. Erfahrungen – Perspektiven – Wege zur Wertschätzung*. Hrsg. v. Verband binationaler Familien. Frankfurt a. M.: Brandes & Apsel.

Grubrich-Simitis, Ilse (1979): Extremtraumatisierung als kumulatives Trauma. *Psyche – Z Psychoanal*, 33(11), 991–1023.

Grubrich-Simitis, Ilse (1984): Vom Konkretismus zur Metaphorik. Gedanken zur psychoanalytischen Arbeit mit Nachkommen der Holocaust-Generation. *Psyche – Z Psychoanal*, 38(1), 1–28.

Gurevich, Hayuta (2012): Die Sprache der Abwesenheit. *Psyche – Z Psychoanal*, 66(11), 1074–1101.

Hopf, Hans (2017): *Flüchtlingskinder gestern und heute*. Stuttgart: Klett-Cotta.

Karatza-Meents, Aglaia (2014): Kofferkinder. Über traumatische Auswirkungen der Migration bei Kindern. *Psyche – Z Psychoanal*, 68(8), 713–734.

Kavafis, Konstantinos (1996): *Brichst du auf gen Ithaka ... Sämtliche Gedichte*. Köln: Romiosini.

King, Vera (2016): Zur Psychodynamik der Migration. Muster transgenerationaler Weitergabe und ihre Folgen in der Adoleszenz. *Psyche – Z Psychoanal*, 70(9/10), 977–1002.

Kinston, Warren & Cohen, Jonathan (1986): Primal repression: Clinical and theroetical aspects. *Int J Psychoanal*, 67(3), 337–355.

Kogan, Ilany (2007): *Mit der Trauer kämpfen. Schmerz und Trauer in der Psychotherapie traumatisierter Menschen.* Stuttgart: Klett-Cotta.

Kogan, Ilany (2015): *Unterwegs in der Fremde. Psychoanalytische Erkundungen zur Migration*. Gießen: Psychosozial.

Kossert, Andreas (2022): *Flucht. Eine Menschheitsgeschichte*. München: Pantheon.

Kristeva, Julia (1990): *Fremde sind wir uns selbst*. Frankfurt a. M.: Suhrkamp.

Laub, Dori (2000): Eros und Thanatos? Der Kampf um die Erzählbarkeit des Traumas. *Psyche – Z Psychoanal*, 54(9/10), 860–894.

Leszczynska-Koenen, Anna (2019): Heimat ist kein Ort. In: Haubl, Raubl & Wirth, Hans-Jürgen (Hrsg.): *Grenzerfahrungen. Migration, Flucht, Vertreibung und die deutschen Verhältnisse*. Gießen: Psychosozial, S. 159–182.

Leuzinger-Bohleber, Marianne & Lebiger-Vogel, Judith (2016): *Migration, frühe Elternschaft und die Weitergabe von Traumatisierungen. Das Integrationsprojekt »ERSTE SCHRITTE«*. Stuttgart: Klett-Cotta.

Leuzinger-Bohleber, Marianne; Rickmeyer, Constanze; Lebiger-Vogel, Judith; Fritzemeyer, Korinna; Tahiri, Mariam; Hettich, Nora (2016): Frühe Elternschaft bei traumatisierten Migranten und Geflüchteten und ihre transgenerativen Folgen. Psychoanalytische Überlegungen zur Prävention. *Psyche – Z Psychoanal*, 70(9/10), 949–976.

Leyer, Emanuela M. (1991): *Migration, Kulturkonflikt und Krankheit. Zur Praxis der transkulturellen Psychotherapie*. Opladen: Barbara Budrich.

Mitscherlich, Alexander & Mitscherlich, Margarete (2016 [1977]): *Die Unfähigkeit zu trauern. Grundlagen kollektiven Verhaltens*. München: Piper, 28. Aufl.

Modena, Emilio (2003): Die Leiden der zweiten Generation italienischer Einwanderer in der Schweiz. *Werkblatt*, 20(51), 65–77.

Ohde, Deniz (2020): *Streulicht. Roman*. Berlin: Suhrkamp.

Roth, Karl Heinz & Rübner, Hartmut (2017): *Reparationsschuld. Hypotheken der deutschen Besatzungsherrschaft in Griechenland und Europa*. Berlin: Metropol.

Saller, Vera (2003): *Wanderungen zwischen Ethnologie und Psychoanalyse. Psychoanalytische Gespräche mit Migrantinnen aus der Türkei*. Tübingen: edition diskord.

Scheifele, Sigrid (2008): *Migration und Psyche. Aufbrüche und Erschütterungen*. Gießen: Psychosozial.

Schneider, Christoph (2016): Das Ferne, das uns nahe ist. Zur Phänomenologie der Fremdheit. *Psyche – Z Psychoanal*, 70(9/10), 923–948.

Schönhärl, Corinna (2012): Strukturelle Wirtschafts- und Finanzprobleme Griechenlands im 19. Jahrhundert. In: *HELLENIKA: Jahrbuch für griechische Kultur und Deutsch-Griechische Beziehungen*. Folge 7, S. 19.

Shengold, Leonhard (2006 [1989]): *Soul Murder. Seelenmord – die Auswirkungen von Mißbrauch und Vernachlässigung in der Kindheit*. Frankfurt a. M.: Brandes & Apsel, 2. Aufl.

Varvin, Sverre (2016): Asylsuchende und Geflüchtete: ihre Situation und ihre Behandlungsbedürfnisse. *Psyche – Z Psychoanal*, 70(9/10), 825–855.

Wilhelm, Gülcin (2011): *Generation Koffer. Die zurückgelassenen Kinder*. Berlin: Orlanda Frauenverlag.

Winnicott, Donald W. (1987): *Vom Spiel zur Kreativität*. Übers. v. Michael Ermann. Stuttgart: Klett-Cotta.

Wurmser, Léon (2013 [1990]): *Die Maske der Scham. Die Psychoanalyse von Schamaffekten und Schamkonflikten*. Vorwort zur 3. Aufl. 2013. Eschborn: Dietmar Klotz.

Yalter, Nil (2019): *Exile is a hard job. (Exil ist harte Arbeit)*. Ausstellung im Museum Ludwig, Köln, von März bis Juni 2019.

Zelepos, Ioannis (2007): Conference. Zappeion, Athens Juni 2007. Vol. iii., S. 116–117.

Zelepos, Ioannis (2017): Griechische Migration nach Deutschland. In: Deutschland Archiv (23. Januar 2017) der Bundeszentrale für politische Bildung. Online: www.bpb.de/241095 [letzter Zugriff 25. März 2024].

Zelepos, Ioannis (2023 [2014]): *Kleine Geschichte Griechenlands. Von der Staatsgründung bis heute*. München: C. H. Beck, 3. durchges. u. aktual. Aufl. 2023.